바이브

바이브 ✦

© 이하영, 2019

이하영 지은 것을 정신세계사 김우종이 2019년 11월 20일 처음 펴내다.
배민경이 다듬고, 변영옥이 꾸미고, 두성종이에서 종이를, 영신사에서 인쇄와 제본을,
하지혜가 책의 관리를 맡다. 정신세계사의 등록일자는 1978년 4월 25일(제2018-
000095호), 주소는 03965 서울시 마포구 성산로4길 6 2층, 전화는 02-733-3134,
팩스는 02-733-3144, 홈페이지는 www.mindbook.co.kr, 인터넷 카페는 cafe.naver.com/
mindbooky 이다.

2024년 5월 3일 펴낸 책(초판 제4쇄)

ISBN   978-89-357-0433-0 03190

이 도서의 국립중앙도서관 출판시도서목록(CIP)은 서지정보유통지원시스템
홈페이지(http://seoji.nl.go.kr)와 국가자료공동목록시스템(http://www.nl.go.kr/
kolisnet)에서 이용하실 수 있습니다.(CIP제어번호: CIP2019043330)

VIBE

당신의 미래가
반짝입니다

바이브

✦

이하영 지음

정신세계사

1장

✦

끝에서
시작하라

인생의 기회는 끝에서 온다

"나는 환자다. 아니 나는 환자였다. 지금은 완치가 되었다. 지금은 완치를 넘어 활기차고 행복한 삶을 살아가고 있다. 온몸에 활력이 넘치고, 정신은 깨어 있으며, 영혼은 나의 에너지로 충만하다. 하루하루가 즐겁고 행복하다. 경제적, 신체적, 정신적 자유로움을 느끼며 살고 있다. 나는 다시 태어났다."

2018년 서울숲의 한 아파트를 계약하면서 일기장에 썼던 내용이다. 당시 최고 분양가를 기록했던 아파트였다. 대한민국 1퍼센트의 부자들이 사는 동네, 그 아파트에 계약하면서 말이다.

2002년 2월 28일. 나는 12만 원을 들고 새마을호에 몸을 실었다. 집도 없이, 월세방도 없이 서울로 왔다. 그리고 16

년 뒤 나는 가장 비싼 아파트에서 가장 비싼 브랜드의 자동차를 타고 있으며, 하루의 시작을 호텔 사우나에서 하고 있다. 아침에 운동을 하고 사우나를 한 뒤, 조식을 먹고 출근한다.

어릴 때는 집에 따뜻한 물이 나오지 않았다. 수도꼭지는 하나였다. 냄비에 물을 끓여 세안을 하고, 머리를 감았다. 그 물을 버리지 않았다. 다시 발을 씻었다. 샤워는 2주에 한 번 대중목욕탕에서 했다. 겨울에는 집에서 패딩 점퍼를 입고 생활했다. 잔소리하는 엄마의 입에서는 김이 나왔다.

가난은 색깔과 온도였다. 벽지가 벗겨진 시멘트의 회백색과 추위와 입김이 가난의 실체였다. 나에게 가난은 시각과 촉각이었다. 어린 시절 나의 소원은 온수 수도꼭지였다. 그랬던 내가 지금은 전혀 다른 삶을 살고 있다. 남부럽지 않은 행복과 여유 속에 살고 있다. 물론 따뜻한 물이 나오는 샤워부스도 있다. 화장실도 두 개다.

지난주, 한 골프 모임에서 상장사 대표님이 나에게 물었다.

"너 금수저지? 그러니 이 정도까지 올라왔지. 그러지 않고 요즈음 세상에 너만큼 빨리 성공하기 힘들어."

나는 흙수저다. 그것도 초특급 흙수저다. 나는 어릴 때

외할아버지, 외할머니 댁에 기생충처럼 붙어살았다. 조그만 방에 나와 엄마 둘이서 기생했다. 수저도 없었다. 외할아버지와 외할머니의 수저 두 쌍만 있을 뿐이었다. 나는 무수저였다. 수저 없는 어린 시절을 보냈다. 그런데 사람들은 이제 나를 금수저로 본다. 가끔 다이아몬드 수저인지 궁금해한다.

나는 되물어보았다.

"형님, 왜 그렇게 생각하세요?"

돌아오는 답은 대부분 이렇다.

"왠지 그런 느낌이 나."

부자의 느낌이 나에게 보인다는 것이다. 흙수저인 내게 금수저의 느낌이, 부자의 분위기가 풍긴다고 한다. 그 느낌이 무엇일까? 그 느낌이란 무엇을 말하는 걸까? 나는 궁금했다. 그것이 알고 싶었다. 그 분위기의 실체를 알고 싶었다.

자료를 찾아보기 시작했다. 관련 지식과 정보를 조사했다. 부자들의 자서전과 성공학 서적을 뒤졌다. 그들을 취재한 기사들도 모아 보았다. 부에 대한 논문도 정리해보았다. 그러면서 조금씩 부자들만이 알고 있는 부의 법칙을 이해하기 시작했다. 그 깨달음을 전 세계 자수성가한 부자들에게 적용해보았다. 정확하게 딱 맞아떨어졌다. 부의 원리, 부자가 되는 비법을 깨닫는 순간이었다.

내가 가졌던 부자의 분위기, 혹은 성공한 사람의 분위기란 과연 무엇일까? 그것은 일상의 말과 행동에서 드러나는 내면의 느낌을 말한다. 부자인 느낌을 지니면 부자의 행동을 하고 부자의 말투를 쓰게 된다. 부자의 미소를 짓는다. 성공한 사람의 일상을 살고, 생각을 하고, 대화를 하는 것이다.

사람들은 그 모습을 보며 성공한 사람의 이미지를 떠올린다. 그를 부자로 바라본다. 타인의 시선과 부러움은 자신의 성공 이미지를 더욱 굳건하게 한다. 분위기가 일상이 되고 생활이 된다. 부자의 느낌을 풍기며 살아가게 된다.

부자의 느낌은 세상을 바꾸는 원동력이 된다. 한 사람이 지닌 느낌과 분위기는 그와 비슷한 느낌의 세상을 만든다. 그 사람의 느낌은 그 사람이 지닌 신념의 결과이기 때문이다. 자신의 신념, 자신에 대한 완벽한 믿음은 자기 안에 있는 잠재의식을 작동시킨다. 그리고 잠재의식이 작동하면 세상이 변하게 되어 있다. 세상은 자신의 잠재의식으로 이루어져 있기 때문이다.

나는 잠재의식의 힘을 믿는다. 아니 잠재의식의 힘은 믿음의 문제가 아니다. 그것은 마치 1+1=2인 것처럼 진리의 영역에 속한다. 진리란 절대적이고 보편적이며, 불변하는 것이다.

수학의 영역이 시간이 지나면서 진리의 영역을 벗어날 때가 있다. 역사가 그것을 증명한다. 그렇다면 잠재의식은 1+1=2의 진실보다 더 진리적이다. 잠재의식의 원리는 세상의 빅뱅과 함께 탄생한 유일한 우주의 법칙이기 때문이다.

많은 현인들은 잠재의식의 존재와 그 힘을 밝혀냈다. 지금도 세상의 많은 성공한 사람들은 이를 증명하며 지내고 있다. 비욘세, 레이디 가가, 스티븐 스필버그, 손정의, 빌 게이츠, 오프라 윈프리 등의 유명인들은 그들의 자서전에서 상상력과 잠재의식의 힘을 이야기한다.

현대 물리학의 아버지 아인슈타인, 발명왕 에디슨, 철강왕 카네기, 전쟁 영웅 나폴레옹, 만유인력의 뉴턴, 진화론의 찰스 다윈, 유레카의 아르키메데스 등 인류 역사상 위대한 업적을 남긴 사람들 역시 잠재의식을 이용해 자신이 원하는 모든 것을 얻었다. 또, 자신이 원하는 인생을 살았다.

잠재의식은 큰 업적을 남기거나, 커다란 성취를 이루거

나, 어마어마한 부를 거머쥔 사람들의 숨겨진 비밀이었다. 그것은 그들만의 성공 법칙이었으며, 영원히 변하지 않을 우주의 진리였다.

그 시작이 바로 'VIBE'다. 그 사람의 느낌, 분위기, 기운이 바이브다. 자신이 원하는 이미지의 바이브를 가지면, 자신이 원하는 인생을 살 수 있다. 자신이 원하는 세상으로 바꿀 수 있다. 잠재의식은 바이브에 전적으로 반응하기 때문이다.

앞서 말했듯 나는 환자였다. 나는 가난의 병을 앓고 있었다. 그 병으로 나의 청춘은 시들어가고 있었다.

가난은 마음의 병이다. 가난한 환경에서 태어나 가난한 게 아니었다. 가난한 사고에 빠졌기 때문에 가난한 것이었다. 가난한 생각을 하고, 가난한 삶의 태도를 가지고 이것에서 벗어나지 못할 거라는 착각에 얽매여 있었다. 하루하루의 삶이 가난의 틀 안에 갇혀 있었다. 나의 생각과 행동, 태도는 가난한 사람의 모습 그대로였다. 가난한 자의 느낌이 나를 감싸고 있었다. 가난의 바이브가 가난한 세상을 만들고 있었다. 나의 바이브가 나의 가난을 만들었다.

나는 이제 부자의 느낌, 성공한 사람의 분위기를 풍긴다.

부자의 생각을 하고, 부자의 행동을 하며, 그들과 대화한다. 부자의 느낌과 분위기가 생긴 것이다. 부자의 바이브가 나를 둘러싸고 있다. 부자의 바이브가 생기면 부자의 세상이 펼쳐진다. 자신이 원하는 인생의 바이브를 가지면 그 인생이 펼쳐진다. 진심이다. 진실이다. 이것이 우주의 진리이며 부의 법칙이다.

믿어지지 않는가? 아니면, 믿기 싫은 것인가? 그것은 당신에게 달려 있다. 지금부터 0.1퍼센트의 사람만이 알고 있는, 혹은 스스로도 모른 채 실천하고 있는 바이브의 세계로 떠나려고 한다. 책을 덮을 것인지, 따라올 것인지는 당신에게 달렸다.

하지만 한 가지만 충고하겠다. 인생의 기회는 끝에서 온다. 지금까지의 인생과 결별하고, 새로운 인생을 살겠다고 다짐하는 사람이라면 나의 이야기를 잘 들어보길 바란다. 인생의 기회는 끝에서 온다. 가난의 끝에서 부자의 하루가 시작된다. 오늘이 그 시작이다. 오늘은 당신의 지긋지긋한 가난과 결별하기 가장 좋은 날이다.

바이브가 세상을 만든다

　21세기 골프의 황제는 타이거 우즈다. 20세기는? 잭 니클라우스다. 이들의 공통점이 있다. 골프 황제라는 칭호뿐 아니라 그 이름을 달게 해준 훈련 방식이다. 바로 이미지 트레이닝(심상훈련)이다.

　타이거 우즈는 골프를 배울 때부터 심상훈련 과정을 거쳤다. 심상훈련이란 자신의 골프 스윙을 처음부터 끝(피니쉬)까지 머릿속으로 그려보는 것이다. 즉, 자신이 원하는 궤도와 리듬으로 부드럽게 스윙하는 모습을 기억하는 훈련법인 것이다. 이러한 심상훈련을 시합 전까지 계속하게 되면 좋은 스윙의 모습을 각인한 채 경기에 임할 수 있다.

　타이거 우즈는 '제이 브란자'라는 세계 최고의 멘탈 트레이너를 채용해 끊임없이 지도를 받았다. 그는 골프를 멘

탈 스포츠로 여겼다. 또한 잭 니클라우스는 어떤 경기에서 어떤 샷을 하든 반드시 두 번의 이미지 트레이닝을 했다. 스윙 전 자신의 모습을 상상하는 것이 기본 루틴(스윙 전 하는 정형화된 동작)이었다.

그는 자신의 저서 《Golf My Way》(팩컴북스, 2010)에서 이렇게 말했다.

"나는 연습할 때도 매우 정확하고 집중한 상태로 상상을 하기 전까지 공을 치지 않습니다. 그것은 마치 생생한 영화와도 같습니다. 먼저 공이 도착할 곳을 바라봅니다. 그다음에는 공이 포물선을 그리며 날아가는 모습, 땅에 떨어지는 모습을 상상합니다. 할리우드 영화 못지않은 그 상상이 끝나고 나서야 나는 공으로 다가갑니다."

그는 골프에 있어서 가장 중요한 것은 기술이 아닌 심상이라고 말한다. 다시 말해, 성공적 스윙에 대한 상상과 좋은 결과에 대한 느낌이 가장 중요하다는 의미다. 그는 상상의 느낌을 간직한 채 경기에 참여했다. 그 결과 상상처럼 스윙했고, 느낌대로 공은 떨어졌다. 그는 커리어 그랜드 슬램을 세 번이나 달성하며, 20세기 최고의 골퍼로 등극한다.

좋은 결과에 대한 상상이 자신의 바이브를 만든다. 상상

속 좋은 스윙의 느낌이 바이브다. 바이브를 지니고 경기에 임하면 무조건 좋은 결과로 이어진다. 우승자의 분위기가 그를 감싸고 있기 때문이다. 그 느낌, 분위기가 그의 잠재의식을 깨우기 때문이다. 상상을 믿고, 상상의 느낌, 바이브를 지니면 상상의 결과가 드러난다. 그들은 그것을 경험으로 알고 있었다.

나도 가끔 골프를 치러 간다. 그리고 그때마다 바이브를 활용한다. 좋은 스윙 후 친구들의 '굿 샷~' 환호를 상상한다. 그리고 그 느낌을 간직하면서 '감사합니다'를 마음속으로 속삭인다. 그러면 무조건 결과가 좋다. 원하는 위치에 원하는 거리만큼 볼을 보내게 된다.

비단 골프만의 이야기는 아닐 것이다. 나를 둘러싼 세상 모든 것은 바이브를 통해 만들어진다. 당신이 원하는 모습을 상상하고, 그것이 이루어진 상황에서의 말과 행동을 할 때 바이브는 당신을 감싼다. 이미 성공한 사람의 느낌이 생긴다.

주의할 점은 '생생하게 상상하는 것'이다. 자신이 이루고자 하는 모습, 자신이 원하는 이미지를 마치 영화 속 한 장면처럼 생생하게 떠올려야 한다. 잭 니클라우스가 말한 것처럼 '할리우드 영화 못지않은' 장면으로 각인되어야 한다. 그리고 그 속에서 자신의 행동을 떠올려보자. 주변을 바라보고 느껴보자. 그곳의 온도와 소음, 바람 소리를 느껴보자. 옆에 있는 사람, 그의 미소, 그들의 말을 상상의 감각을 이용하여 보고, 듣고, 느껴야 한다. 눈앞의 모습처럼 생생히 그릴 수 있어야 한다.

상상에는 몰입, 그리고 흔들리지 않는 정확성이 필요하다. 바이브는 생생하게 상상하는 것에서 출발한다.

그리고 소망에 대한 믿음이 있어야 한다. 자신이 원하는 모습이나 갖고 싶은 것의 정보가 정확하지 않으면 믿음이 줄어든다. 믿음이 줄어들면 바이브는 사라진다. 우리의 뇌는 구체적이거나 반복되는 정보에 대해 반응하면서 그 정보를 저장한다. 따라서 자신이 이루고자 하는 모습이 생생하지 않거나 바뀌면 신호가 약해진다. 그렇게 시간이 지나면 잊혀지고 마는 것이다.

자신의 소망을 상상하고, 상상의 느낌을 반복적으로 느껴야 한다. 상상도 습관이다. 상상이 반복되면 믿음으로 연결된다. 상상에 대한 지속적 믿음(Belief)은 현실 속 착각을 일으킨다. 나의 소망이, 나의 상상이 현실에서 이미 이뤄졌다는 느낌을 지니게 된다. 상상과 현실을 착각하는 것이다. 이미 소망을 이뤘다는 착각에 빠져든다. 상상과 현실의 간극이 없어지게 된다. 상상과 현실이 같아진 것, 다시 말해 동등해진 것(Equalization)이다. 이때의 느낌이 바이브이자 그 실체다.

바이브는 생생하게(Vividly) 상상하고(Imagine), 상상이 이루어진 것(Equalization)에 대한 믿음(Belief)이 생겼을 때의 느낌이다. '상상이 이루어진 느낌'이 바로 바이브다.

Vivid Imagination with a Belief of Equalization.

바이브^{VIBE}는 이렇게 만들어진 글자다. 상상의 법칙이 담긴 단어다. 원하는 것을 이룰 수 있게 도와주는 최고의 도구다. 바이브를 가지고 살아갈 때 상상의 느낌은 우리의 잠재의식에 각인된다. 그러면 나와 나의 세상은 달라지게 된다. 세상은 잠재의식이 만드는 공간이기 때문이다.

바이브의 존재를 믿고, 바라보고, 의지하라. 그러면 어느 순간 당신은 당신이 원하는 인생을 살고 있을 것이다. 당신이 원하는 모든 것을 얻을 수 있을 것이다.

성공하고 싶은가? 부자로 살고 싶은가? 원하는 것을 이루고 싶은가? 그러면 한 가지만 하면 된다. 성공의 바이브를 가지면 된다. 너무나 간단하다. 하지만 너무나 중요하다.

나머지는 나의 잠재의식에 맡기면 된다. 생생하게 상상하고, 상상이 이루어진 느낌을 가지라. 그러면 모든 것이 이뤄진다. 성공의 바이브를 가지면, 당신의 세상은 달라진다. 이미 당신이 성공한 세상으로 바뀌게 된다. 그 중심에는 잠재의식이 존재한다.

믿기 힘든가? 하지만 진실이고 진리다. 지금부터 바이브의 힘으로 성공하고, 부를 쌓고, 위대한 업적을 이룬 사람들의 이야기를 들려줄 것이다. 그들의 성공 원리를 당신이 진심으로 받아들이길 간절히 기도한다.

바이브를 믿으라. 그리고 바이브를 활용하라. 바이브를 가지면 상상이 현실이 된다. 생생하게 소망하면 상상대로 실현되는 기적을 맞이하게 될 것이다. 이것이 바이브의 힘이다. 이것이 부자의 원리고, 우주의 법칙이다. 새롭게 펼쳐질 당신 인생의 멋진 무기가 될 것이다. 당신의 바이브를 응원한다.

나의 의식이 유일한 실체다

'나는 누구인가?'는 시대를 관통하는 화두다. 수없이 많은 철학자, 사상가, 그리고 인문학자들이 이 질문의 답을 찾기 위해 고민했다. 하지만 답이 나오지 않았기에 이 질문은 아직도 유효하다. 답은 찾지 못했지만, 인간의 본성에 관한 많은 힌트가 발견되었고 이를 통해 우리는 '나'라는 실체에 조금 더 다가설 수 있게 되었다.

나도 같은 질문에 대해 고민했었고 답을 찾기 위해 노력했다. 그리고 '나는 누구인가?'에 앞서, '나는 왜 태어났나?'에 대해 고민했었다. 태어난 목적을 알면 실체에 다가설 수 있다고 생각했기 때문이다. 나는 왜 태어났을까? 왜, 어떤 목적으로 이곳에 왔을까? 이 질문이 '나는 누구인가?'보다 먼저 해결해야 할 숙제 같았다.

일단 나는 '그냥' 태어났다. 나의 의지와 상관없이, 나의 동의 없이 세상에 태어났다. 1976년 8월 3일, 그냥 세상에 던져졌다. 그날 눈을 떠보니 이 세상이었다. 마르틴 하이데거가 말한 '피투성彼投性'이다. 표현 그대로 우리는 세상에 던져진 존재다. 우리 모두는 스스로 나온 것이 아니라, 낳음을 당했다.

부모님이 낳았으니 태어났다고 볼 수도 있다. 맞는 이야기다. 하지만 부모님도 사실 자식을 선택한 것은 아니다. 낳고 보니 나였고, 낳고 보니 당신이었을 뿐이다. 오히려 세상 밖의 또 다른 존재 — 조물주일 수도 있다 — 가 결정했을 수 있다. 그 역시 우리의 선택이 아니다.

우리의 의지와 상관없이 우리는 세상에 존재하기 시작했다. 내 의지와 상관없이 심장이 뛰고 있고 시간이 흐르고 있으며, 사계절과 하루 24시간은 자연의 섭리대로 반복된다. 봄, 여름, 가을, 겨울이 반복되는 세상 속에 내가 존재한다. 내가 속한 세상은 내가 없어도 잘 돌아갈 것 같았고 내가 어떤 삶을 살든 세상은 변함이 없을 것 같았다.

그러던 어느 날이었다. 나는 작은 천사의 꿈을 꾸었다. 그들은 나의 양어깨를 잡고 하늘로 오르기 시작했다. 그들은 내게 세상의 중심을 보여주겠다고, 그곳에 나를 앉혀주 겠다고 약속했다. 세상의 중심에서 우주를 지배하는 왕이 될 거라고 알려주었다. 나는 하늘을 향해, 천상을 향해 끝 없이 올라갔다. 눈앞이 아득해지기 시작했고 구름에 가려 아무것도 볼 수가 없었다. 눈이 아파왔다. 그러다 알람 소 리에 눈을 떴다. 나는 독서실 의자에 앉아 있었다.

그때부터 나는 갑자기 다른 생각을 하기 시작했다. 전혀 다른 세상이 보이기 시작한 것이다. 세상을 바라보는 시선 이 변하고 의식이 확장되기 시작했다. 나의 세상이 열린 날 이었다. 나는 그날 다시 태어났다. 세상의 중심을 나로 생 각했고, 전혀 다른 결론에 도달했다.

세상은 내가 살아 있기 때문에 존재한다. 내가 세상에 존재하지 않는다면? 세상이 존재할지는 알 수 없다. 내가 경험해보지 않았기 때문이다. 내가 세상에 존재하지 않을 때, 세상의 존재를 알 수 있는 나의 의식도 사라지니 확인 이 불가능한 것이다.

나를 둘러싼 모든 세계는 내가 존재하기 때문에 존재한 다. 아침에 눈을 떴기 때문에 세상이 펼쳐진 것이다. 세상의 중심에 내가 있다. 내가 바라보는 이곳이 세상의 중심이다.

나는 나의 의식을 가지고 지구별에 잠시 내려와 있다. 부모님이 주신 소중한 몸에 나의 의식이 자리 잡고 있다. 나의 의식이 나의 세상을 그리고 있으며 나의 세상을 보여준다.

우리는 감각을 통해서 세상을 인지하고 있다. 눈으로 보고, 귀로 듣고 있다. 코로 냄새를 맡고, 혀로 맛을 보며, 피부로는 촉감을 느낀다. 오감을 통해 세상을 바라보고 있다. 눈앞에 보이는 것이 세상이고, 만져지는 것은 사물이다. 그렇게 믿고 있고, 그렇게 믿어왔다.

"보는 것이 믿는 것이다"라는 말도 있듯, 우리는 감각으로 확인해야 실체를 믿게 된다. 하지만 진실은 그렇지 않다. 우리가 본 것은 사실 존재하지 않는다. 무슨 뚱딴지같은 소리냐고 말할 수 있지만, 진실이다.

'본다'는 것은 가시광선이 사물에 반사되어 우리의 눈에 들어오는 것이다. 그것이 망막에 상을 만들고 시신경은 그것을 전기신호로 뇌에 전달하여 우리의 뇌가 사물의 형태를 인식하게 한다. 더 정확히는 나의 의식이 뇌라는 스크린에 사물의 이미지를 만드는 것이다. 의식이 만든 이미지를 우리는 '본 것'이라고 인식한다. 그러니까 우리가 '본 것'은 실체가 아니라 나의 의식이 뇌라는 스크린에 만든 영상이다.

어쨌든 거기에 뭔가가 있으니까 우리가 보는 게 아니냐는 의문이 들 수 있다. 맞는 말이다. 하지만 그 '뭔가'의 정체가 모호하다는 점이 핵심이다. 사물은 원자로 이루어져 있다. 그런데 양자역학에 따르면, 우리는 미시세계 입자들의 위치와 운동량을 정확하게 측정할 수가 없다. 다만 '몇 퍼센트의 확률로 여기 어딘가에서 이러저러한 식으로 운동하고 있을 것이다'라는 식으로 기술할 수 있을 뿐이다.

우리의 일상적인 논리로는 이해하기 어렵지만 사실이 그렇다. 우리가 쓰고 있는 전자제품의 반도체들이 전부 이런 식의 확률 계산에 의거해서 잘 작동하고 있으니 과학자들의 말을 의심하기 어렵다. 요점은, 우리는 '의식'이라는 일종의 필터를 통해 재구성된 세상을 인식할 뿐이지 결코 세상의 실체를 '직접' 인식할 수는 없다는 것이다.

우리는 우리가 바라보는 세상의 실체를 알지 못한다. 그냥 그렇다고 믿는 것뿐이다. 우리가 보는 대로 '있다'고 '믿을' 뿐이다. 나를 둘러싼 세상은 나의 의식이 만든 투영물이다. 그림자에 불과하다. 나의 의식이 보여주는 거울이 현실이다.

의식이 만든 상을 우리는 그대로 믿고 있다. 그 실체는 알 수 없다. 만약 그 실체를 묘사해야만 한다면 '에너지의 흐름'이라고밖에 말할 수 없다. "세상은 떨고 있다"는 물리학자들의 말은 바로 이런 에너지 상태를 가리킨다.

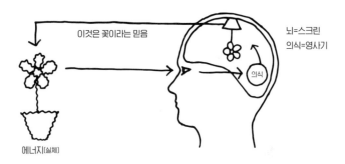

우리는 의식이 만든 세상을 본다

이것은 꽃이라는 믿음

뇌=스크린
의식=영사기

의식

에너지(실체)

세상은 나의 의식이 만든 투영물이다. 현실은 의식을 비추는 거울일 뿐이다. 그리고 그 의식이 존재하는 곳이 나다. 나 자신뿐이다. 나는 나의 의식을 유일하게 확인할 수 있다.

그럼 타인은? 나의 가족과 나의 친구는? 나의 지인은 어떠한가? 내 주변의 사람들이 의식을 가지고 있는지 없는지 나는 알 수 없다. 추측은 가능하다. 하지만 확인할 수 없다. 나는 나의 내면만을 들여다볼 수 있기 때문이다.

나는 나의 의식이 만든 세상에 살고 있다. 그리고 나의 의식만 확인할 수 있다. 나의 의식이 세상의 유일한 실체이며 그 의식이 세상을 구성하고 있다. 타인은 나의 세상에 존재하는, 나의 의식이 만든 그림자일 뿐이다.

그에게 의식이 존재한다면 그는 그의 세상을 살아갈 것이다. 우리는 타인과 세상을 공유하며 살고 있다는 착각에 빠져 있다. 하지만 나는 나의 세상을 살아갈 뿐이다. 나의 의식이 만든 나만의 세상에 나는 살고 있다.

대부분의 사람들은 자신의 의식이 유일한 실체임을 망각한 채 살고 있다. 잘못된 생각에서 벗어나야 한다. 당신은 당신의 세상을 살고 있다. 당신이 당신 세상의 유일한 실체이며, 확인 가능한 유일한 존재다. 우리는 가끔 시간과 공간을 공유할 뿐이다. 헤어지면 각자의 세상을 살아가게 된다. 그뿐이다.

우리는 각자 세상의 유일한 실체다. 이제 시작이다. 내가 내 세상의 유일한 실체임을 알면, 나의 세상은 내가 창조할 수 있다. 나만의 세상을 풍요롭게 꾸밀 수 있다. 당신의 세상은 당신이 주인이다. 당신이 유일한 실체다.

평범함에 속지 말라

초등학교 때 일이다. 담임 선생님께서 장래희망을 써오라는 숙제를 내셨다. 나는 원고지 세 장을 빼곡히 적어 다음 날 제출했다. 나의 장래희망은 백만장자였다.

선생님이 나를 부르셨다. 장래희망이 허무맹랑하다며 다시 써오라고 하셨다. 나는 선생님께 "저는 꼭 백만장자가 될 거에요"라고 말씀드렸다. 하지만 선생님은 한심한 눈으로 나를 쳐다보시고 나가셨다.

다음 날, '나의 꿈은 과학자'라는 글을 썼다. 선생님의 칭찬을 받았다. 열심히 공부해서 훌륭한 과학자가 되라는 조언도 들었다. 나는 웃었지만, 즐겁지 않았다. 오히려 마음속으로 '무조건 백만장자가 될 거야'라고 다짐했다. 아직도 그때의 기억이 잊혀지지 않는다.

우리는 자신의 꿈을 교육받고 있다. 자신의 욕망을 간섭받고 있다. 집에서, 학교에서, 사회에서 조언과 충고와 교육이라는 명목으로 우리의 욕망을 조절하고 있다. 부모님은 부모의 희망을 심어주고, 선생님은 선생님의 욕망을 교육하며, 사회는 사회가 바라는 모습을 강요한다.

우리는 타인의 욕망을 욕망하고 있다. 그렇게 배웠으며, 지금도 그렇게 살고 있다. 좋은 대학을 나와야 하고, 졸업 후에는 좋은 직장을 다녀야 한다. 나이가 들면 어느 정도의 연봉을 받아야 한다. 그리고 몇 평대의 아파트에 살아야 한다. 차는 특정 브랜드를 타야 한다. 자녀 교육을 위해 대치동 학원에 등록해야 하고, 1년에 몇 번씩은 해외여행을 다녀와야 한다. 우리 사회 욕망의 기준이다.

다들 거기에 부합하기 위해 자신의 시간과 에너지를 투입한다. 타인의 눈에, 그들의 기준에 들어가기 위해 자신의 욕망을 조절한다. 자신의 욕망이 무엇인지 모른 채 그들과 닮아가려 한다. 남들과 똑같이 생각하고, 행동한다. 사회가 바라는 모습으로 살아가려 한다.

평범한 삶이 편안한 삶이라 사회는 가르친다. 우리는 그렇게 평범함에 젖어든다. 평범이라는 것은 내가 만든 기준이 아니다. 사회가 만든 기준이다. '사회적 욕망'에 어울리는 단어다. 오히려 그 욕망에 부합하지 못한 이들의 단어다.

욕망의 계단을 오르지 못한 대중에게 사회가 요구하는 가치가 평범이다. 평범하고 만족하는 삶을 강요한다. 그런 삶이 평화롭고, 안정된 삶이라고 교육한다. 평범의 가치를 강조한다.

하지만 욕망은 스스로 만드는 것이다. 자신의 삶을 움직이기 위해서, 조금 더 나은 삶을 만들기 위해 욕망을 품는다. 욕망은 강요되는 것이 아니다. 자발적으로 생겨나는 것이다. 그 욕망이 나를 만들고, 나의 인생을 풍요롭게 만든다. 성공의 욕망, 부자가 되고 싶은 욕망, 원하는 것을 이루고 싶은 욕망이 나를 생각하게 하고 행동하게 한다.

누구나 성공하고 싶은 욕망이 있다. 부자가 되어 경제적, 시간적 자유를 누리고, 관계적 여유를 원한다. 욕망을 품어야 한다. 욕망은 결코 나쁘고 악한 것이 아니다. 오히려 도전과 변화를 위한 동인이 욕망이다. 움직이게 하고, 설레게 하는 것이 욕망이다. 욕망하는 삶을 살아야, 성취할 수 있고, 성취할 수 있어야 성공할 수 있다.

도전과 변화를 두려워하는 사람들은 욕망, 즉 꿈이 없다.

그들은 욕망을 성취하려 하기보다, 도전의 실패를 두려워한다. 도전하고 변화하고 성장하고 발전하기보다는, 안주하고 만족하고 안정된 하루하루를 보낸다. '소확행' 하는 것이다.

자신의 욕망을 욕망해야 한다. 그 꿈을 향해 나아가야 한다. 시련과 역경이 닥쳐도 꿈을 향해 멈추지 않는 욕망을 품어야 한다.

꿈을 이룬 모습을 상상하며, 상상의 느낌을 습관화해야 한다. 내가 가지고 싶거나, 내가 되고 싶은 모습에 익숙해지는 것이다. 그러면 내가 원하는 모습의 생각을 하고, 행동을 하며, 삶의 태도를 지니게 된다. 성공의 바이브가 만들어진다.

상상이 이루어진 느낌을 자주 가지라. 그렇게 만들어진 바이브는 잠재의식에 그대로 전달된다. 바이브는 영혼의 언어가 되어 나의 잠재의식을 움직이게 한다. 잠재의식은 나의 바이브에 응답하여 내가 원하는 세상으로 현실을 바꾼다. 변화의 씨앗을 세상에 뿌린다.

성공의 상상을 하라. 자신의 꿈을 이룬 모습을 상상하고, 그 느낌을 사실로 받아들이라. 내가 원하는 모습, 내가 갖고 싶은 것을 생생히 상상하고 그 느낌을 간직할 때 그것은 현실로 나타난다. 우리가 할 일은 소망을 이룬 느낌을 가지는 것밖에 없다. 그 습관 속에서 바이브가 나타난다. 성공의 바이브를 만들라. 그리고 기다리라. 세상에 뿌려진 씨앗은 스스로 싹을 틔우고 열매를 우리에게 가져다줄 것이다.

사람은 자신의 내면에 감옥을 가지고 있다. 자신의 한계를 설정하고, 자신의 잠재력을 가둔다. 그 안에서 평화를 찾으려 한다. 평범이라는 말로 자신을 위로하고, 자신의 욕망을 숨긴다. 그 자리를 타인의 욕망으로 채운다. 남의 욕망을 나의 욕망이라 착각한다.

자신이 원하는 인생, 자신이 꿈꾸는 삶이 무엇인지 모른 채 살아가고 있다. 그저 타인의 눈치를 보며, 사회가 원하는 위치를 갖기 위해 살아갈 뿐이다. 주체적인 삶의 창조자가 아닌, 보편적 사회의 방관자로 일생을 보내게 된다.

평범함에 속지 말라. 평범은 당신의 욕망이 아니다. 당신이 꿈을 이루는 과정에서 부딪히는 하나의 장애일 뿐이다. 당신의 꿈을 망치려는 드림킬러들의 속삭임일 뿐이다.

평범을 거부하고 욕망을 차지하라. 욕망 안에서 상상이

이뤄지고, 상상 속에서 현실이 펼쳐진다. 우리는 꿈꾸는 만큼만 성공할 수 있다. 당신의 상상만큼만 세상은 달라진다. 당신의 한계는 당신이 정한다. 그 누구도 당신의 범위를 설정할 수 없다.

당신의 욕망과 당신의 상상이 당신의 세계를 만든다. 생생하게 상상하고 상상의 느낌을 가지라. 당신의 상상 안에서 펼쳐질 무한한 자유와 풍요로움을 만끽하라. 경제적으로 자유롭고, 정신적으로 풍요로운 세상이 당신의 현실로 나타날 것이다. 그 안에서 하루하루 즐겁게 인생을 맛보길 바란다. 인생은 원래 맛있는 것이다.

커피보다 인생이 맛있다

나는 매일 아침 커피 전문점에 들른다. 출근 전 마시는 아이스 아메리카노가 아침을 깨운다. 입구에 들어서면 20대 초반의 바리스타가 나를 반긴다. 늘 하던 대로 주문한다.

"아이스 아메리카노, 레귤러로 주세요. 테이크 아웃으로요."

그러면 1분 뒤 진동벨이 울리고, 내 손에는 커피가 들려 있다. 커피 속 폴리페놀의 항산화 효과나 카페인의 혈관보호 효과를 떠나, 나는 그냥 커피를 좋아한다. 아침에 먹는 커피가 하루의 시작을 알린다. 습관을 넘어 리추얼^{ritual}이 되고 있다.

커피를 시킬 때, 음식점에서 요리를 주문할 때 당신은 어떻게 주문하는가? 먼저 먹고 싶은 음식이나 음료를 생각한다. 그리고 맛의 기억을 한번 떠올린다. 먹고 싶은 욕구가 생기면 이제 주문한다. 주문은 정확히 자신이 먹고 싶은 음식으로 한다. 음식과 음료를 같이 주문하기도 한다. 그렇게 몇 분의 기다림이 지나면 당신 앞에는 주문한 것들이 차려져 있다.

별 것 아닌 이야기를 내가 왜 하고 있을까? 우리는 커피보다 중요한 '인생의 주문'을 못하기 때문이다. 자신의 꿈을 주문하지 못한다. 자신의 꿈이, 삶의 목표가 무엇인지 모르고 있다. 정확한 꿈이 없으니 구체적 상황을 그릴 수가 없다.

생생한 상상은 상황에 대한 이미지에서 시작된다. 꿈을 이룬 상태에서의 말과 행동, 주변 상황을 사진 찍듯 선명하게 상상해야 한다. 고3 수험생이라면 '전국 수석' 인터뷰 장면을 떠올려야 한다. 창업을 준비할 경우, 손님으로 꽉 찬 가게를 상상해야 한다. 취업준비생은 출근하는 아침을 그려야 한다. 인터뷰할 때의 첫 마디, 만석인 가게에서 손님에게 건네는 말, 출근길 아침의 인사말을 구체적으로 상상해야 한다. '감사합니다', '고맙습니다', '안녕하세요' 등 상상이 이루어진 상황의 대화를 실제로 해봐야 한다. 상상의 느낌을 고스란히 간직하기 위해서다.

그리고 믿음을 가져야 한다. 우리는 커피를 주문하면 커피가 나올 것을 믿는다. 커피 대신 짬뽕이 나올까 불안해하지 않는다. '혹시 내가 미워서 안 주지 않을까' 걱정하지도 않는다. 커피를 주문하고 기다리면 우리 손에 커피가 들려 있을 거라 확신한다.

상상도 마찬가지다. 상상에 대한 믿음이 있어야 한다. 자신의 상상이 곧 이루어진다는 믿음이 있어야 바이브가 만들어진다.

우리의 의식은 현재의식과 잠재의식으로 나뉜다. 현재의식은 감각을 통해 들어온 정보를 통합하고, 이성적으로 판단하는 공간이다. 우리가 본 것을 '뇌'라는 스크린에 펼쳐주는 영사기다. 우리는 현재의식을 통해 세상을 바라보고, 느끼며 살아간다.

하지만 우리에게 현재의식만 있는 것이 아니다. 잠재의식이라는 것이 있다. 의식의 아래에서 현재의식에게 영감을 주고, 보이지 않는 영역을 떠올리게 하는 공간이 바로 잠재의식이다. 사실 현대 과학이 밝혀낸 뇌의 능력은 진정한 우리 능력의 일부분밖에 되지 않는다. 진정한 우리의 능력은 잠재의식의 영역에 감춰져 있다.

우리가 특정 행동을 할 때면 먼저 그 행동을 생각한다.

그리고 그 생각 중에서 일부를 선택해 행동으로 옮긴다. 현재의식 안에서 특정 생각을 하고 행동을 한다. 하지만 그 생각을 유발한 것은 잠재의식이다. 잠재의식이 생각을 자극하고, 행동에 대한 충동을 일으킨다. 사람들은 자신의 의지가 자신의 행동으로 연결된 것이라 생각한다. 하지만 의지란 잠재의식에 의해 유발된 환상에 불과하다.

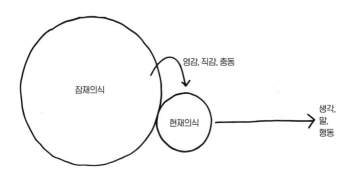

자유의지는 잠재의식에서 나온다

잠재의식

영감, 직감, 충동

현재의식

생각,
말,
행동

우리가 떠올리는 생각, 마음속에서 느껴지는 감정, 온몸을 휘감는 기분 등은 모두 잠재의식의 작용이다. 잠재의식이 우리의 현재의식을 자극하여 다양한 생각과 사고, 느낌, 기분을 발생시키는 것이다. 우리는 잠재의식의 존재를 망각한 채 의식적으로 살아간다는 착각에 빠져 있다. 우리는 잠재의식의 최면에 빠져 있다. 잠재의식이 나의 현재의식을 조절하고 있기 때문이다.

세상이 현재의식의 거울이라면 잠재의식은 세상을 비추고 있다. 나와 나의 세상은 잠재의식의 작품이다. 당신이 성공하려면, 꿈을 이루려면 잠재의식을 활용해야 한다. 잠자고 있는 잠재의식을 깨워, 당신의 세상을 만들어야 한다. 잠재의식의 영감을 이용해 생각하고 행동해야 한다.

성공한 삶을 위해서는 성공한 사고를 유발할 수 있어야 한다. 잠재의식에게 주문해야 한다. 성공의 행동과 사고를 달라고. 그리고 이미 성공을 한 상황을 현재의식에게 보여달라고. 구체적이고 생생하게 주문해야 한다.

나는 2019년 6월《나는 당신이 작은 얼굴을 가졌으면 좋겠습니다》라는 책을 출간했다. 얼굴 살에 대한 지식과 관리법을 정리한 책이다. 10년간 얼굴 살 치료를 하면서 알게 된 노하우를 알기 쉽게 적어놓았다.

책을 출간하기까지 4년의 시간이 걸렸다. 나는 4년 전부터 원고를 쓰기 시작했다. 하지만 실제 책을 완성하는 데 걸린 시간은 딱 3개월이었다. 올해 1월 1일 책을 쓰기로 마음먹고, 종이에 '이하영 작가'라는 버킷리스트를 쓰면서였다. 3년 반의 지루한 시간 동안 나는 A4 용지 30페이지 정도의 내용을 썼다. 하지만 2019년 2월부터 단 3개월 동안 100페이지가 넘는 양을 정리했다.

뭐가 달라졌을까? 새해 결심 때문이었을까? 나의 의지가 갑자기 강해졌을까? 아니면 책을 꼭 써야겠다는 강한 열정이 나를 그렇게 만들었을까? 아니다. 잠재의식 때문이다. 나는 잠재의식에게 '책 쓰기'에 대한 주문을 보낸 것이다. 매일 아침 눈을 뜨면 교보문고 매대에 나의 책이 놓여진 모습을 그려보았다. 건강부문 베스트셀러 매대에 진열된 나의 책을 아침마다 상상했다. 그리고 누군가 나의 책을 펼쳐 묵묵히 읽고 있는 모습을 바라보았다.

그 장면을 매일매일 소망하고, 상상하고, 상상의 느낌을 간직했다. 그리고 글을 써나갔다. 책은 그해 6월에 출간되었고, 교보문고 건강부문 베스트셀러 매대에 진열되었다. 4년 동안의 변화는 단 한 가지였다. 잠에서 깼을 때의 멍한 상태에서 상상을 하고 상상의 느낌을 간직했다. 그뿐이었다. 상상하고, 상상이 이루어진 느낌, 바이브를 지닌 채 평소와 같은 생활을 했다. 하지만 바이브는 영혼의 언어가 되어 잠자고 있던 나의 잠재의식을 깨우게 된다. 그리고 잠재의식은 나의 현재의식에게 무한한 지성과 지혜를 보내게 된다.

나는 잠재의식에 반응하여 책 내용을 정리하기 시작했다. 3년 반 동안 쓴 양의 세 배 이상의 원고를 단 석 달 만에 완성했다. 잠재의식의 영감은 나의 사고를 확장시켰고, 직감은 나를 글 쓰게 했다. 바이브로 시작했고, 작가로 끝마쳤다. 나의 손에는 어느덧 한 권의 책이 들려 있었다. 책은 이렇게 쓰는 것이었다. 이 주문이 바이브다. 바이브가 잠재의식에게 보내는 영혼의 주문이다.

생생하게 상상하고, 상상이 이루어졌다는 믿음이 생길 때, 나에게는 바이브가 생긴다. 상상이 이루어진 느낌, 바이브는 영혼의 언어가 되어 나의 잠재의식에 각인된다. 잠재의식에 각인된 바이브는 나와 나의 우주에 전달된다. 나에게는 성공의 사고와 행동을 할 수 있는 영감을 준다.

우주에 전달된 바이브는 나의 상상에 해당하는 상황을 펼쳐준다. 나와 나의 세상이 변하기 시작한다. 나는 작가가 되고, 나의 세상에는 베스트셀러라는 선물이 주어진다.

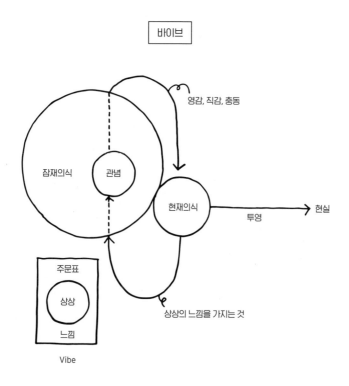

Vibe

생생하게 상상하라. 그리고 상상이 이미 이루어졌다는 것을 사실로 받아들이라. 그 믿음을 반복하고 생활화하라. 일상 속 당신의 상상이 현실과 결합하는 순간 당신은 당신이 원하는 모든 것을 얻을 수 있다.

꿈을 향해 직진하라. 현실의 벽을 무시하고, 꿈을 향해 상상하라. 당신이 원하는 것을 구체적으로 상상하고 잠재의식에 주문하라. 당신의 바이브를 만들어 잠자고 있는 잠재의식에 각인시키라. 당신이 할 일은 그뿐이다.

얼마 지나지 않아 당신은 알게 될 것이다. 아이스 아메리카노보다 훨씬 맛있는 당신의 꿈이 세상에 드러나고 있다는 것을. 당신의 상상이 생생하게 펼쳐지고 있음을.

습관 하나가 인생을 바꾼다

"부자인 채로 죽는 것은 수치다."

앤드루 카네기의 말이다. 부와 자선 사업 이야기를 하면서 이 사람을 빼놓을 수 없다. 그는 인류 역사상 몇 손가락 안에 드는 부자로 알려져 있다. 하지만 그의 시작은 초라했다.

앤드루 카네기는 영국 스코틀랜드의 직조공 아들로 태어났다. 그의 첫 출근지는 면직 공장이었다. 주급 1달러 정도를 받고 하루 종일 실을 감았다. 매일매일 똑같은 일을 반복했다. 하지만 생활은 나아지지 않았다. 더구나 1850년대는 직조 기술의 기계화로 직조공들의 일이 사라지고 있었다.

결국 그는 자신의 일을 계속할 수 없게 되었고, 아버지와 함께 미국으로 이민을 가게 된다. 그곳에서도 가난은 계속 이어졌다. 그는 정규 교육을 받지 못했고, 일거리는 많지 않았다. 여러 공장을 전전하며 돈을 벌었지만, 영국에서의 생활과 크게 달라지지 않았다.

하지만 카네기는 그곳에서 꿈을 키우기 시작했다. 자신도 성공하기로 마음먹었다. 그는 책을 읽기 시작했다. 특히 당시 유행하던 '성공학' 관련 책을 읽어나갔다. 힘든 공장일을 하면서도 책 읽기를 멈추지 않았다. 일이 없는 날은 하루 종일 도서관에서 책 읽기에 몰입했다.

그는 조금씩 성공학의 비밀을 알게 된다. 성공한 사람들의 글을 읽고 그들의 성공 공식을 익혀나갔다. 자신도 그들과 똑같이 될 수 있을 거라는 확신이 생기기 시작했다. 자신도 모르게 성공의 바이브를 만들어나갔다. 그러면서 조금씩 사업에 성공을 거두게 된다. 그는 자신이 원하는 삶과 사업적 성공의 바이브를 매일매일 만들어나갔다. 아침마다 반복적으로 읽고, 상상하고, 이미 성공한 모습을 몸에 지녔다. 카네기는 몇 년이 지나 세계적인 철강왕으로 발돋움한다.

앤드루 카네기는 자신의 성공 비법과 공식을 정리했다. 그리고 그것을 '소망 달성을 위한 여섯 가지 원칙'이라는 제목으로 사람들에게 알리기 시작했다. 그의 성공서는 지금도 전 세계적으로 가장 훌륭한 성공서로 주목받고 있다. 그는 사람들에게 성공하기 위한 여섯 가지 원칙을 다음과 같이 밝혔다.

첫째, 당신이 바라는 돈의 금액을 명확히 한다. 구체적인 액수를 정확히 제시해야 한다. 단순히 부자가 되고 싶다, 돈을 많이 벌고 싶다고 생각해서는 안 된다.

둘째, 당신이 원하는 액수의 돈을 벌기 위해 무엇을 할 것인가를 결정해야 한다.

셋째, 소망을 달성하는 기일을 정한다. 정확한 데드라인을 정하는 것이다.

넷째, 계획을 세웠으면 즉시 행동한다. 걱정하거나 망설이지 말고 무조건 행동으로 옮겨야 한다.

다섯째, 위의 네 가지 원칙을 종이에 적는다. 가장 중요한 원칙이다. 꿈은 종이에 적어야 이뤄지기 때문이다.

여섯째, 종이에 적은 것을 아침에 눈을 떴을 때, 잠자리에 들기 전에 큰 소리로 읽는다. 그리고 이미 그 돈을 가졌다고 믿는다.

앤드루 카네기는 여섯 가지 원칙을 정리해서 발표했다. 구체적으로 자신이 원하는 금액과 데드라인을 정한다. 그리고 그 금액에 대한 생생한 상상을 종이에 써서 생활화하고, 이미 그 돈을 가졌다는 느낌을 간직하는 것이다. 그 느낌이 자신이 원하는 금액을 얻을 수 있는 원동력이라 믿었다.

앤드루 카네기도 자신의 바이브를 믿었다. 카네기가 이 원칙을 처음 공개했을 때에는 사람들의 관심을 받지 못했다. 오히려 비아냥거리고 무시하는 사람들이 많았다. 비웃고 신뢰하지 않았다. 진지하게 받아들이지 않았다. 너무나 단순하고, 비현실적 방식이었기 때문이다.

하지만 카네기의 친인척들은 그의 이론을 받아들이기 시작했다. 그의 방식대로 생활하기 시작했다. 그들은 카네기의 성공과정을 옆에서 지켜보았기 때문이다. 하루도 빼먹지 않고 같은 방식으로 지내는 카네기를 누구보다 잘 알았기 때문이다. 몇 년이 지나 그들도 남부럽지 않은 억만장자가 되었다.

앤드루 카네기는 자신의 성공 비결에 대한 확신을 가지고 있었다. 그래서 자신의 이론을 검증하기 위한 조사를 실시했다. 그는 한 기자를 초대해 자신의 이론을 검증해달라는 부탁을 했다. 그 기자는 나폴레온 힐이었다. 그는 자신이 모든 비용을 낼 테니, 미국에서 자수성가한 대표적 부자들의 성공 비법을 조사해달라고 부탁했다. 그리고 자신의 원칙이 얼마나 그들에게 부합되는지 알아보도록 했다.

나폴레온 힐은 20년이 넘도록 조사를 진행했다. 미국 전역에 걸쳐 자수성가한 부자들의 삶을 철저히 조사하고 그들을 인터뷰했다. 그리고 마침내 그 결과를 세상에 알렸다.

"사고의 힘이 부를 부른다. 부자의 사고가 부를 끌어당긴다."

나폴레온 힐은 이렇게 결론을 내린다. 20년간의 연구와 검증을 거친 결론은 앤드루 카네기의 성공 원칙에 날개를 달아주었다. 부자의 사고, 부자의 상상이 부를 끌어당긴다는 이론은 미국 전역으로 퍼져나갔고, 수없이 많은 억만장자를 탄생시켰다. 그리고 이 이론은 그의 제자들에 의해 미국 전역에 알려졌다. 일부 대학에서는 전공과목으로 채택하였고 최고의 성공학 강의로 자리 잡았다.

부자의 느낌을 가지는 것은 가장 중요한 성공 비법이다. 그 습관 하나가 인생을 바꾸는 것이다. 생생하게 자신의 꿈을 상상하고, 상상의 느낌을 가져야 한다.

앤드루 카네기는 종이에 써서 상상의 습관화를 주문하고 있다. 그는 '꿈은 써야 이루어진다'는 것을 알고 있었다.

종이에 써서 아침, 저녁으로 읽고, 마음속으로 상상하는 것이다. 이런 습관이 꿈을 이룬 상태에서의 느낌과 분위기를 만들어준다. 상상이 이루어진 느낌, 바이브다.

지금 당장 종이와 펜을 준비하자. 자신이 이루고 싶은 버킷리스트를 열 개 정도 적어보자. 책을 덮고, 종이를 찾아 적어보라.

그리고 아침저녁으로 그것들을 읽고 상상해보자. 지갑이나 스마트폰에 넣어서 시간이 날 때마다 들여다보자. 마음의 시선을 떼지 말고, 매 순간 상상하라. 상상의 습관이 이어질 때, 하루하루 쌓여나갈 때, 당신의 상상이 일상의 현실과 결합할 것이다.

그러면 당신에게는 성취의 느낌과 분위기가 생긴다. 그러면 당신이 할 일은 끝난 것이다. 당신의 세상은 이미 달라지고 있을 것이다.

기적은 기적처럼 다가오지 않는다

얼마 전 나는 우연히 삼성동의 신규 분양 오피스텔을 발견했다. 입지도 좋고, 역세권이었다. 구조도 내가 좋아하는 타입이었다. 며칠간 인터넷으로 보고, 분양 날짜도 확인했다. 그곳을 계약하고, 계약서를 쓰는 장면을 상상했다. 그 느낌을 간직했다.

그러고는 며칠이 지났다. 아차 싶었다. 계약 날짜를 넘긴 것이다. 이것저것 할 일을 하다 보니, 이미 날짜가 지나가고 말았다. 모델 하우스에 전화해보니 거의 완판되었다는 대답을 들었다.

그래도 혹시나 하는 마음에 저녁 진료를 마치고 선릉 쪽 모델 하우스에 들렀다. 내가 원했던 층의 원했던 타입은 이미 계약이 되고 없었다. 그나마 계약되지 않은 호실만 몇 개 남아 있었다. 분양 팀장은 남은 호실이라도 2, 3순위로 한번 기다려보는 게 어떠냐고 물었다. 나는 전혀 원하지 않는 타입이라 내가 원했던 호실에 대해서만 물어보았다. 거기는 4순위였다. 내 앞에 세 명이 계약을 포기해야 나한테 기회가 올 수 있었다. 거의 불가능에 가까운 순위였다. 나는 낙담하며 모델 하우스를 나왔다.

집으로 돌아오는 길에 전화 한 통이 걸려왔다.

"원장님, 그냥 포기한다고 생각하시고, 가계약금이라도 보내주세요. 제 고객 중에 은근 운이 좋은 분들이 많으시더라구요. 왠지 이번에는 원장님 차례 같아요."

담당 팀장이었다. 나는 별다른 생각 없이 "조금 생각해보고 말씀드릴게요"라고 말하며 전화를 끊었다. 그러다 문득 떠올랐다. '내 차례? 이건 사인이다.'

나는 한동안 그곳과 계약했던 느낌을 유지하고 있었다. 이미 그곳과 계약한 바이브를 가지고 있었던 것이다. 다만 최근 바쁜 업무로 까먹고 있었다. '그래, 이건 잠재의식이 나에게 보내는 신호야'라고 번쩍 정신이 들었다. 나는 다음 날 가계약금을 바로 보냈다. 그리고 오후에 전화가 왔다.

"원장님. 기적이 일어났어요. 원장님이 4순위인데, 당첨

되셨습니다. 앞에 세 분이 포기를 하셨어요. 여기 오피스텔에서 유일한 4순위 당첨자입니다."

거짓말 같은가? 사실이다. 나는 바이브를 이용해 말도 안 되는 당첨 소식을 들었다. 혹시나 하여 각 호실별 당첨자 통계를 보았다. 4순위의 노란색 당첨 색깔이 나에게만 그려져 있었다. 팀장님이 너무나 신기하다며, 나에게 부동산의 좋은 운이 있다고 축하해주셨다. 나는 속으로 생각했다. '역시 바이브의 힘은 강력하다.'

살면서 만나는 기적 같은 순간들이 있다. 물론 오피스텔 당첨이 무슨 기적과 비교되냐고 반문할 수 있다. 하지만 내가 원하는 것을 나의 상상력으로 만들었다. 그것이 이루어질 것이라고 확신했고, 이미 이루어졌다는 느낌을 사실로 받아들였다. 그리고 이루어졌다. 성공의 법칙을 경험을 통해 확인한 것이다. 기적의 원리를 알게 되었다. 그 시간이 기적인 것이다. 부와 성공의 원리를 알게 되는 기적 같은 순간이었다.

운칠기삼運七技三이라는 말이 있다. 성공의 7할은 운이라는 이야기다. 성공에 있어서 운은 정말 중요한 부분이다. 그런데 이런 운이 항상 따라다니는 사람이 있다. 이들은 의

외의 기회를 자주 만난다. 우연한 만남이 운명적 파트너로 연결된다. 뜻밖의 선택이 사업 아이템으로 대박이 난다. 행운의 여신은 항상 그들을 향하고, 우연은 필연처럼 그들에게 펼쳐진다. 운과 행운, 우연과 기회가 그들에게는 넘친다.

왜 그럴까? 바로 힌트를 알아보는 능력 때문이다. 그리고 거기에 반응하는 행동력 때문이다. 기회는 우리가 잠재의식을 이용하여 뭔가를 이루고자 할 때 나타난다. 잠재의식에 각인된 바이브는 파이프라인을 통해 나를 둘러싼 세계(우주)로 전달된다. 그리고 거기서부터 조금씩 내가 원하는 세상을 만들게 된다. 내가 보지 못하는 영역에서 조금씩 드러나고 있다.

우리가 세상을 바라볼 때 관찰할 수 있는 것들은 전체의 일부에 불과하다. 눈에 보이는 빛은 일부에 불과하다. 태양광선의 파장 중 우리가 인식하는 부분은 380~780나노미터의 영역대밖에 없다. 빛의 영역 중 아주 작은 부분만 눈으로 확인할 수 있는 것이다. 그 외의 영역인 적외선, 자외선, X선, 감마선, 라디오파 등은 인간의 눈으로 볼 수 없다. 즉, 존재하기는 하지만 눈으로는 확인할 수 없는 것들이다.

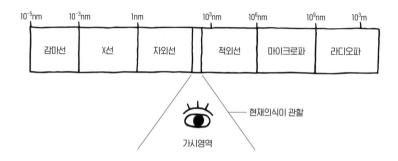

빛의 영역

하지만 우리는 눈으로 본 것만 믿는다. 눈에 보이지 않는 것은 잘 믿지 않는다. 가시광선은 빛의 아주 작은 영역에 불과하다. 하지만 그 파장대를 벗어난 것들을 우리는 믿지 않는다. '볼 수 없다'면 '없다'고 단정 짓는 것이다.

잠재의식은 초가시超可視 영역, 초감각 영역에서부터 변화를 시작한다. 눈에 보이지 않는 영역에서부터 상상을 현실화한다. 하지만 우리가 볼 수 없기에, 아무런 일이 일어나지 않는다고 착각한다. 우리가 인지하고 인식하기에 조금 시간이 걸릴 뿐이다. 그러다 어느 순간 우리가 볼 수 있는 가시영역대로 드러나기 시작한다. 상상이 현실로 나타나는 시점이다.

처음에는 작은 사인으로 보인다. 전체 모습 중 일부가 보이기 때문이다. 마치 장님이 만지는 코끼리 발처럼, 상상의 일부만 조금씩 모습을 드러낸다. 그 조그만 사인이 현실화의 시작이다. 기적은 기적처럼 갑자기 생기지 않는다. 조그만 우연, 작은 행운, 뜻밖의 기회로 나타난다.

이것을 잘 인지하느냐는 바이브를 잘 간직하고 사느냐에 달렸다. 상상의 느낌을 간직하면 삶의 시선이 달라지기 때문이다. 인생의 기회가 스치는 우연처럼 보이지 않는다. 잠재의식이 만드는 작은 변화로 보이기 시작한다.

나는 매사에 감사한다. 세상을 감지할 수 있는 건강한 오감에 감사하고, 세상을 변화시켜주는 나의 잠재의식에게도 감사를 표한다. 작은 생활의 변화에도 감사의 마음을 가진다. 그 변화가 현실화의 시작임을 알기 때문이다.

나는 "감사합니다"라는 말을 자주 한다. 자주 하다 보면 자주 듣게 된다. 감사하고, 감사받는 일상이 이어진다. 그 속에서 나의 삶이 변하게 된다.

기대만큼 빨리 변하지 않는 현실에 실망하는 사람들이 많다. 의심과 회의가 올라오는 시기도 분명히 존재한다. 하지만 주위를 둘러보면 나의 상상대로 변하는 '사인'들이 너무나 많다. 세상은 상상대로 변하기 때문이다. 그 변화를 감지하며 '감사합니다'라고 속삭인다. 그 순간 나의 잠재의식은 그 감사함에 반응한다. 상상의 현실화를 더욱 빨리 펼쳐준다. 기회를 잡을 수 있는 용기가 생기고, 운을 행운으로 만드는 능력이 생긴다. 기회를 성공의 발판으로 삼고, 행운을 자신의 능력과 결합한다. 잠재의식이 보내는 사인에 반응하여 행동하게 된다.

이런 용기와 능력도 나의 잠재의식에 의해 만들어진다. 잠재의식은 세상을 창조하고, 나를 변화시키기 때문이다. 우리는 사인을 인지하고, 그에 맞게 반응하면 된다.

그 변화를 감지한 후 '아, 이런 식으로 이루어지고 있구나. 감사합니다'라고 느껴보자. 상상의 현실화를 감지하고, 진행되고 있는 변화에 감사하면 잠재의식에 대한 신뢰가 커진다. 잠재의식은 자신을 믿고 감사하는 현재의식에 대해 무한한 능력으로 보답하게 될 것이다.

우리는 좋은 바이브를 만들어 잠재의식에게 전달하면 된다. 그리고 세상에 일어나는 우연, 행운, 기회를 알아보고 거기에 맞게 반응하면 그만이다.

기적은 기적처럼 다가오지 않는다. 기적이란 말은 상상

의 힘과 능력에 대해 무지한 사람들이 상상의 결과만을 바라보고 지은 단어다. 기적은 작은 변화로 시작되며, 그 시작에는 바이브가 있다.

생생하게 상상하고 그 상상이 이루어진 느낌을 간직하라. 당신이 원하는 모든 것을 가지게 될 것이다. 바이브의 존재를 아는 것이 바로 기적이다.

끝에서 시작하라

한때 무엇이든 할 수 있고, 무엇이든 해야 할 것 같은 청춘의 덫에 빠져 살았다. 나의 20대 이야기다.

나는 고등학교 졸업 후 포항공과대학교에 입학했다. 당시 취직도 잘 되는 학과였고, 선배들의 취업률도 좋았다. 학비도 높지 않았고, 기숙사비도 저렴하여 부모님의 지원 없이 생활하는 데 불편함이 없었다. 엄마의 기대도 대학 결정에 큰 역할을 했다.

내게는 중고등학교 때부터 꿈꿔왔던 대학 생활이 있었다. 대학에 들어가면 술도 마시고, 미팅도 할 수 있다. 여학생을 만나 데이트도 하고 밤새 수다도 떤다. 캠퍼스에 둘러앉아 노래를 부르기도 하고, 엠티에 가서 게임도 할 수 있다. 캠프파이어를 하는 상상도 했었다.

하지만 현실은 그렇지 않았다. 인턴 준비하는 졸업반 선배가 보였고, 자격증을 챙기는 휴학생도 보였다. 영어 성적을 높이기 위해 고등학교 때보다 더 열심히 공부하는 동기도 보였다. 강의가 끝나면 캠퍼스에 모여 수다를 떨고, 맛집을 돌아다니고, 호프집을 가던 당시의 청춘 드라마는 '뻥'이었다. 드라마는 드라마일 뿐이었다. '학점 관리는 1학년 때부터 하라'는 선배의 조언만이 존재했다. 그 조언이 현실이었다.

미래에 대한 불안은 사람을 초조하게 만든다. 불확실에 대한 불안은 뭔가 하지 않으면 안 되는 부담을 일으킨다. 끊임없이 지속되는 초조함과 부담감이 삶을 지치게 만든다.

그 당시에 내가 그랬다. 부산에서 20년을 살다가, 포항이라는 도시에 떨어졌다. 아는 사람도 없고, 아는 골목도 없었다. 아는 밥집도 없고, 아는 술집도 없었다. 부산말을 쓰는 사람도 잘 없었다. 학교는 포항인데 과 동기 대부분은 서울 사람이었다. 서울말을 듣고 부산말로 답했다. 나는 잘 들리는데, 그들은 내 말을 못 알아들었다. 더 외로워졌다.

같은 방을 쓰는 룸메이트 두 명은 아침에 일어나면 없었다. 일찍 일어나 도서관에 갔기 때문이다. 아침 8시, 4층 건물의 기숙사에는 나만 덩그러니 남아 있었다. 나는 부적응자가 되어갔다.

나는 고등학교 때 공부만 했었고, 매년 모범상을 탔다. 그 당시에는 그저 사고 안 치고, 공부만 잘하면 모범상을 줬다. 선생님도 나를 칭찬하고, 엄마도 좋아했다. 그렇게 사는 게 답인 줄 알았다. 그런데 졸업하고 몇 달 만에 학교 생활에 적응할 수 없었다. 이전처럼 공부만 하면 되고, 고등학교 4학년이라 생각하면 해결될 문제였다.

하지만 그렇지 않았다. 그렇게 살고 싶지 않았다. 지금까지 살았던 대로 앞으로도 살고 싶지 않았다.

그러다 인생의 전환점을 맞았다. 연극 동아리 '애드립'에 들어가면서다. 처음에는 별생각 없이 들어갔다. 연극을 한다는 것이 멋져 보였고, 사투리도 교정하면 좋겠다는 생각에서였다. 그리고 뜻밖의 기회를 얻었다. 대학 축제 때 연극 무대에 서게 된 것이다. 물론 작은 조연이었다. 하지만 태어나 처음으로 사람들 앞에서, 무대라는 공간에서, 뜨거운 조명을 받으며 연기할 기회를 얻은 것이다.

나는 정말 열심히 했다. 학교 수업을 제쳐두고 리딩을 하고, 연기 연습을 하고, 사투리 교정도 했다. 스폰을 받기 위해 학교 주변 호프집을 돌아다니며 홍보도 하고, 무대도 직접 만들고, 청소도 늦게까지 도맡아 했다.

당시 나의 역할은 정신병원 의사였다. 처음으로 의사의 인생을 살았다. 몇 개월간 나는 그의 목소리, 행동을 닮기 위해 연습했다. 억양이 달라지고 말투도 달라졌다. 태도도 변하고 있었다. 그렇게 하루하루를 보냈다. 그리고 대학 축제 마지막 날, 큰 박수와 환호를 받으며 연기를 마쳤다. 연극은 끝이 났다.

연극이 끝났지만 내 일상은 바뀌지 않았다. 내 삶은 이미 공대생이 아니었다. 의사의 분위기가 나를 감싸고 있었다. 더 이상 기계를 고쳐주며 살고 싶지 않았다. 사람을 고쳐주는 사람이 되고 싶었다. 무대 속 의사가 아닌, 진짜 의사가 되고 싶었다.

1학기가 끝나고 나는 학교를 나왔다. 그리고 3개월간 재수생활을 했다. 한 학기를 다니고 수능 준비를 했기 때문이다. 모든 것이 부족했다. 시간이 없었다. 얼마 남지 않은 수능일은 나에게 압박감으로 다가왔다. 고3 시절 보았던 참고서는 모두 팔아버렸다. 교과서와 문제집은 학교에 기증했다. 내가 다시 수능을 보게 될지 전혀 몰랐다.

새로운 문제집과 참고서를 사서 책상 앞에 앉았다. 너무나 막막했다. 그 어떤 정리도, 나의 메모도, 필기도 없었다. 깨끗한 새 참고서가 전부였다. 겁이 났고 불안했다. 과연 내가 지금부터 준비해서 의과대학에 들어갈 수 있을까? 과연 수능 점수를 예전처럼 받을 수 있을까? 눈앞이 깜깜했다. 가슴이 답답했고, 머릿속은 복잡했다. 하루에도 몇 번씩 찾아오는 불안감에 공황장애마저 생길 정도였다.

갑갑한 마음에 휴게실 의자에 앉았다. 포기하고 싶었다. '다 포기하고 군대나 갈까' 하는 생각도 들었다. 나만을 바라보며 하루하루 버텨온 엄마의 얼굴이 비쳤다. 너무나 죄송했다. 마음이 아팠다. 심장이 뛰면서 다리까지 떨렸다.

그때 책장에 꽂혀 있는 한 권의 책이 눈에 띄었다. 나폴레온 힐의 《놓치고 싶지 않은 나의 꿈 나의 인생》이었다. 별생각 없이 책장을 넘기며 글을 읽었다. 그게 시작이었다. 10분의 휴식시간이 네 시간을 훌쩍 넘겼다. 휴게실에 앉아 그 책을 완독했다. 한 문장 한 문장에 빠져 고개를 들 수조차 없었다. 마지막 한 장을 넘겼을 때 눈을 감았다. 다시 눈을 떴을 때 나는 새로운 세상을 맞이할 수 있었다. 상상의 눈을 뜨게 된 것이다. 상상력과 잠재의식에 대해 알게 되었다.

다음 날도 밑줄 친 부분을 읽으며 생각을 정리하기 시작했다. 그리고 깨닫게 되었다. 상상을 통한 잠재의식의 변화는 모든 것을 가능하게 했다. 상상이 이루어진 '결말의 느낌'은 나를 의과대학생으로 만들어줄 것 같았다.

그때부터였다. 불안이 엄습할 때마다 나는 상상하기 시작했다. 걱정할 시간에 상상했다. 이미 의사의 삶을 살아가는 모습을 상상을 했다. 그리고 그 느낌을 가지고 공부에 집중했다. 추리닝 대신 수술복을 사서 입었다. 결말의 느낌을 수술복을 통해 직접 느끼고 싶었다. 추리닝과는 전혀 다른 기분이 들었다. 수능 공부가 아닌 전문의 시험을 준비하는 느낌이었다.

독서실 책상 앞에 '삼성의료원 인턴 이하영 선생'이라는 메모를 붙였다. 당시 최고의 병원이 삼성의료원이었다. 나는 인턴으로 일하는 모습을 상상하고, 그 느낌을 가지고 문제를 풀었다. 어느 순간 불안하지 않았다. 오히려 상상의 힘에 믿음이 더해졌다. 수술복을 입은 모습이 그렇게 자연스러울 수 없었다. 수술복에 배인 나의 살 냄새에 잠이 들기도 했다. 그렇게 재수 생활을 이어나갔다.

그리고 3개월 뒤 나는 의과대학에 입학했다. 그리고 6년 뒤 나는 삼성의료원에 취직해 인턴, 레지던트 과정을 수료했다.

내가 3개월 만에 의과대학에 들어간 이유는 단 하나였다. 바이브다. 당시 나는 결말에서 상상하기 시작했다. 이미 의사 면허를 따서 일하는 모습을 상상한 것이다. 수술복을 입고, 전문의 시험을 준비하는 느낌으로 수능을 공부했다. 미래의 시간을 끌어와 현재를 살았던 것이다.

'결말을' 상상하는 것이 아니라 '결말에서' 상상했다. 의사가 되는 것을 상상한 것이 아니라, 이미 의사가 된 상태에서 생활했다. '생생하게 상상하는 것'만으로는 절대 원하는 것을 얻을 수 없을 것 같았다. 그것은 사라져버리는 연기처럼 막연한 희망이었다. 따라서 결말을 이루지 못할 것 같은 불안감만 생겼고, 이루고 싶은 하나의 가능성만 확인될 뿐이었다.

그래서 결말을 상상하는 것 대신 이미 의사가 된 느낌을 가졌다. 결말을 상상하면 희망이 생기지만, 결말의 관점에서 바라보면 그것은 믿음이 되었다. 믿음은 바이브로 연결되어 합격의 영광을 만들어주었다.

상상의 현실화는 상상이 이루어진 느낌을 통해 완성할

수 있다. 자신의 상상이 결론에 머무를 때, 그리고 그 느낌에 취해 세상을 바라볼 때, 상상은 현실이 된다. 결말을 상상하는 '방관자'가 아닌, 결말의 관점에서 바라보는 '창조자'가 된다.

결말의 관점에서 상상이 이루어진 느낌을 가지고 세상을 바라보자. 우리는 그 상태를 온전히 받게 될 것이다. 상상이 머무르는 곳에 당신의 현실이 나타난다. 그리고 그 시작이 바로 바이브다. 끝을 느끼고, 그 끝에서 시작하라. 끝에서 시작하는 삶이 창조적 삶이다. 자신이 원하는 세상을 만드는 첫 단계이다.

끝에서 시작하라. 단 3개월의 재수생활로 나는 그렇게 의사가 되었다.

2장

✦

삶은 머리에서 가슴으로의 여행이다

보는 대로 믿지 말고, 믿는 대로 봐야 한다

천재라는 단어를 들으면 누가 떠오르는가? 아마 알버트 아인슈타인이 떠오를 것이다. 그는 어떤 영감을 받아 수학 공식을 만들고, 상대성 이론을 발견했다. 어떤 날은 몇백 년 동안 풀지 못한 난제를 해결하기도 했다. 세대를 거쳐 그의 이론이 전해지며, 지금도 현대 물리학의 아버지라 불린다. 아인슈타인은 20세기 최고의 과학자며, 인류 역사상 가장 많은 업적을 쌓은 사람이다.

하지만 그도 대학 졸업 당시 성적이 좋지 않았다. 학계에서 자리를 구하지 못해 지인의 도움으로 특허청에 근무했다. 당시에는 주요 도시마다 시간이 제각각이어서 도시 간 여행에 문제가 많았다. 그래서 이 문제점에 대한 특허들이 쏟아졌다. 그는 이 특허를 종합하고, 정리하는 과정에서 남들이 보지 못한 연결점을 찾아냈다. 그리고 자신의 물리학적 사고와 아이디어를 종합해 특수 상대성 이론을 발견한다.

어떻게? 상상을 통해서다. 아인슈타인은 자신의 업적 대부분을 상상을 통해 쌓았다. 그의 공식과 이론에는 놀랄 만한 사실이 있다. 그는 실험을 거의 하지 않았다는 점이다. 상상의 힘을 통해 현대 과학사에 많은 업적을 남긴 것이다.

그가 했던 유명한 말이 바로 "상상력이 지식보다 중요하다"는 말이다. 아인슈타인은 남들에 비해 지적 성장이 늦었다. 하지만 그의 상상력은 뛰어났다. 그는 서른 살이 가까워졌을 때에도 혼자 공상을 즐겼다. 혼자 빛을 타고 우주여행을 하는 상상을 했다. 상상 중에 목적지에 도착하니 그곳이 바로 자신의 출발점이라는 것도 알게 되었다. 여기서 착안한 것이 일반 상대성 이론이다. 1907년의 '운 좋은 착상'이었다.

그는 상상을 이용해 자신이 원하는 이론을 만들었고, 자신이 원하는 인생을 살았다. 아인슈타인은 위대한 과학자에 앞서, 상상력의 대가였던 것이다.

상상력이란 무엇인가? 우리는 상상이란 단어를 너무나

혼용하고 있다. "상상력을 좀 이용해봐"라고 말할 때는 틀에 박힌 사고를 벗어나라는 의미이다. "그거, 완전 상상이지?"라고 말할 때는 혼자만의 잘못된 생각이라는 뜻이다. 창의력이 풍부한 사람을 상상력이 좋은 사람이라고 말하기도 한다. 다양한 뜻으로 우리는 상상, 상상력이란 단어를 사용한다.

하지만 내가 생각하는 진정한 의미의 상상력은 한 가지다. 상상력이란 '현실을 다르게 볼 수 있는 몰입력'을 의미한다. 눈앞의 현실을 상상으로 다르게 보는 집중력이 상상력이다. 따라서 상상은 능동적 에너지 활동이다. 고도의 집중력과 몰입감을 이용해 구체적 이미지를 그리는 과정이다.

상상이 현재의식을 가득 채울 때 나타나는 변화가 있다. 잠재의식이 깨어난다. 현재의식이 한 가지 생각으로 가득 찰 때의 느낌, 바이브가 만들어지기 때문이다.

우리의 세상은 두 가지다. 볼 수 있는 감각의 세상과, 그 영역을 벗어난 초월적 세상이다. 우리는 우리가 볼 수 있는, 현재의식이 투영하는 세상이 세상의 전부라 믿으며 살고 있다. 눈으로 볼 수 있는 가시영역의 세상이 전부라 믿고 있다.

하지만 진실은 다르다. 우리가 감각을 통해 볼 수 있는, 이성적 판단으로 믿는 현재의식의 구간은 너무나 작고 좁다. 오감을 통해, 감각의 증거로 인식할 수 있는 세상의 수십, 수천 배의 공간이 우리에게 펼쳐져 있다. 오감의 제한으로, 감각기관의 한계로 인해 인지하지 못할 뿐이다.

감각의 한계 속에서, 그 감각을 통한 이성의 속박 안에 우리는 살고 있다. 감각기관이 제공하는 한정된 정보의 세계를 우리는 바라보고 있다. 그 틀에서 벗어나야 한다. 우리를 감싸는 편견, 보이는 세상이 전부라는 착각에서 벗어나야 한다.

우리의 시선을 더 큰 세상으로 돌릴 때, 우리는 우리가 원하는 모든 것을 이룰 수 있다. 잠재의식의 세상으로 들어가기 때문이다. 잠재의식은 우리의 비非가시영역을 바라본다. 그곳에 일어나는 모든 일은 잠재의식이 관할한다. 눈앞에 보이는 세계가 현재의식의 결과라면, 보이지 않는 상상의 세계는 잠재의식이 만든다.

우리의 상상은 잠재의식을 깨운다. 상상과 현실이 일치된 느낌, 상상이 이루어진 느낌은 우리의 잠재의식에 전달되어 초월적 영역에서부터 변화를 가져온다. 그리고 상상에 대한 믿음, 잠재의식에 대한 신뢰가 변화의 속도를 부추긴다. 외부세계에 변화가 인지되고, 상상이 현실로 나타난다.

나는 어릴 때 실내 야구 연습장을 자주 갔다. 그곳에서 스트레스를 풀었다. '깡' 하고 울리는 소리가 마음속 응어리를 풀어주었다. 하지만 날아오는 공을 쳐내기란 쉬운 일이 아니었다. 공을 못 맞추면 뒤쪽 그물에 패인 흔적이 남았다. 친구와 함께 연습할 때도 있었다. 그 친구와 나는 야구에 젬병이었다. 둘 다 공을 맞추지 못했다. 그물에 두 개의 공 흔적이 남았다.

양자물리학에서 최고의 권위를 자랑하는 이스라엘 와이즈만 과학원이 1998년에 행했던 '이중 슬릿 실험'이라는 것이 있다. 세계적인 물리학 전문지 〈물리학 세계(physics world)〉가 '과학사에서 가장 아름다웠던 실험'으로 선정한 실험이다.

방법은 야구 연습장과 비슷하다. 하나의 기계에서 공이 나온다. 그 맞은편에는 두 겹의 벽이 있는데, 그중 첫 번째 벽에는 두 개의 슬릿(가늘고 긴 막대 형태의 틈)이 있다. 그리고 그 틈을 통과한 공들이 두 번째 벽에 부딪혀 흔적을 남긴다.

공을 수없이 던지다 보면 당연히 두 번째 벽에 막대 형태의 흔적이 만들어질 것이다. 슬릿이 두 개니까 막대도 두 개가 만들어질 테고 말이다. 결과는 예상과 같았다. 두 개의 막대가 관찰되었다.

당신은 "당연한 결과잖아. 이게 뭐라고 그렇게 아름다운 실험이라는 거야?"라고 물을 수 있다. 그러나 문제는 이제부터다. 어떤 때는 두 번째 벽의 벽면 전체에 연속적인 물결무늬가 나타났기 때문이다. 분명 두 개의 슬릿을 제외한 나머지 영역들은 첫 번째 벽에 의해 막혀 있는데도 말이다.

물리학자들에 의하면, 던져진 공이 두 개의 슬릿 중 어디를 통과하는지를 관찰하는 장치를 두면 두 번째 벽에 두 개의 선명한 막대 모양이 나타나고, 그렇지 않으면 연속적인 물결무늬가 나타난다고 한다. 즉 '관찰'이 이뤄지는 순간은 공이 입자의 성질을 띠고, 그렇지 않을 때는 '파동'의 성질을 띤다는 것이다. 귀신이 곡할 노릇이다.

실제 실험에서는 공 대신 전자를 이용했다. 전자총을 이용해 전자들을 쏘아서 슬릿을 통과시켰다. 이스라엘 과학원뿐 아니라 세계 최고의 물리학자들이 비슷한 실험을 끊임없이 시행했다. 늘 결과는 같았다. 슬릿을 통과한 전자들은 두 번째 벽면에 입자가 아닌 파동의 흔적(물결무늬)를 남겼다. 하지만 과학자들이 슬릿에 검출기(관측장치)를 달면 전자가 파동이 아닌 입자의 흔적(두 개의 세로줄)을 만들었다. 바라보면 입자로 행동하고, 보지 않으면 파동으로 행동하는 것이다. 양자 물리학자들이 말하는 '관찰자 효과(observer effect)'다.

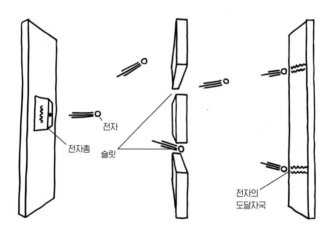

누군가가 바라보면 전자는 입자의 자국을 남긴다

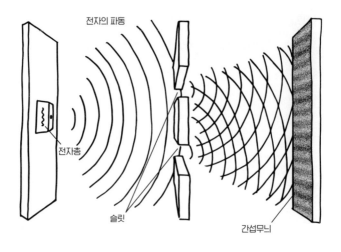

누군가가 바라보지 않으면 전자는 파동의 자국을 남긴다

전자의 파동

전자총

슬릿

간섭무늬

　　이 실험은 마음의 힘, 의식의 작용을 탐구하는 사람들에
게 큰 영감을 주고 있다. 그 연장선상에서 이렇게 해석해볼
수 있기 때문이다. — 세상은 에너지로 존재한다. 만물은
움직이는 물결(파동)이다. 그것이 나를 둘러싼 모든 사물의
실체다. 그러나 내가 보는 순간(그렇다고 믿는 순간) 입자의 모
습(입자로 되어 있다고 믿기 때문에)으로 우리에게 나타난다. 반

대로 내가 바라보지 않으면 다시 파동으로 돌아간다.

그러니까 이제는 의식의 시선을 높여야 한다. 우리가 '보는 것'이 곧 '바뀔 것'이라는 진리를 알아야 한다. 세상은 에너지로 이루어져 있고, 에너지의 본질은 '변화'이기 때문이다. 상상이 잠재의식을 이용해 세상을 변화시키고 있다. 상상에 대한 믿음이 있으면, 그 믿음이 현실을 바꿀 수 있다. 보는 대로 믿지 말고, 믿는 대로 봐야 한다. 자신의 상상을 믿고, 세상을 바라봐야 한다.

보이는 것은 실체가 없다. 당신의 감각과 이성이 만든 현재의식의 그림자일 뿐이다. 더 큰 세상을 바라봐야 한다. 당신의 믿음이 만든 세상을 바라봐야 한다. 자신의 상상으로 세상을 바라보자. 자신의 상상이 이루어진 느낌을 가지고, 그 믿음으로 세상을 보자. 그리고 세상의 변화를 감지하자.

변화에 반응하고 행동하면 어느새 자신이 원하는 세상이 펼쳐지게 된다. 상상하라. 그리고 믿음을 가지라. 이미 이뤘다는 느낌을 사실로 받아들이라. 당신의 바이브가 모든 것을 가능하게 할 것이다.

당신은 이미 부자였다

　내가 여섯 살 때, 부모님이 이혼하셨다. '이혼'이란 단어를 알기 전이었다. 나는 이혼한 엄마와 단둘이서 작은 단칸방에 살았다. 좁은 방 안에 가구들이 배치되다 보니, 정작 누울 자리가 없었다. 아침에 일어나 기지개를 켜면 손발이 가구에 닿았다. 가구에 발가락을 찧는 경우도 많았다. 답답했고, 갑갑했다. 추웠고, 더웠다. 그리고 서러웠다.

　'내가 무슨 잘못을 해서 이렇게 가난한 환경에서 살아야 할까?' '가난은 왜 나를 이렇게 힘들게 할까?' 방 안에 덩그러니 누워 생각했다. 엄마는 출근하고 없었다. 그러다 다짐했다. '나는 무조건 성공해서 부자가 될 거야. 따뜻한 물이 나오고, 겨울에도 샤워할 수 있는 곳에서 살 거야.' '여름에는 에어컨에서 시원한 바람이 나오고 겨울에는 따뜻한 보

일러가 돌아가는 집에서 엄마랑 행복하게 살아야지.'

그리고 입으로 말했다.

"나는 가난을 물려받지 않겠다."

추운 겨울, 얼음장 같은 바닥에 누워 나는 혼자 중얼거렸다.

가난은 병이다. 가난은 마음의 병이다. 가난은 유전이 아니다. 가난은 환경이 아니다. 가난은 질병이고, 치유 가능한 병이다. 다만 치료를 하지 않거나, 치료에 대한 의지가 없으면 평생 앓게 되는 불치병이다.

가난은 가난한 사고가 만든다. 스스로 가난하다고 생각하고, 가난의 느낌을 가지고 행동한다. 가난한 사람의 말을 하고, 가난한 행동을 한다. 가난한 친구들과 시간을 보내고, 그들과 소통한다. 불평하고, 불만을 가지고, 불안해하고, 불평등을 토로한다. 불확실한 미래의 불안 속에서 그들은 노동한다. 뭔가 열심히 하지 않으면 가난이 평생 따라다닐 것 같다. 하지만 노동의 시간 속에서도 불안은 떠나지 않는다. 불안과 걱정이 자신을 감싸고 있다. 그 속에서 하루하루 생활하고 있다.

부는 권리다. 부는 태어나면서부터 우리가 누려야 할 권리다. 꼭 누려야 할 의무가 있다. 그렇게 세팅되어 이곳에 태어났다. 하지만 부자의 권리를 누릴 지혜가 부족하다. 대부분은 무지하다. 부자가 권리라는 사실을 인지하지 못한 채 살아간다. 무지가 낳은 결과가 가난이다.

무지는 죄다. 자신이 살아가야 할 인생을 무지로 파괴하고 있다. 스스로의 삶을 도둑질하며 가난한 인생을 바라본다. 자신의 인생을 파괴할 권리는 자신이 가지고 있다. 하지만 조물주는 당신이 최고의 삶을 경험하도록 모든 것을 준비해놓았다. 신은 우리에게 모든 것을 만들어놓았다. 성공의 방법과 부의 해법을 당신의 잠재의식에 넣어두었다. 그리고 당신이 그것을 누리길 바라고 있다. 그 권리를 누리기 위해 우리는 이 땅에 태어났다. 신이 만들어놓은 최고의 경험을 하기 위해서다.

1920년 하버드 대학의 윌리엄 맥두걸 교수는 잠재의식에 존재하는 신의 선물을 확인했다. 쥐 실험을 통해서다.

그는 쥐들이 미로를 빠져나가는 횟수를 측정했다. 처음 실험에서 쥐들은 평균 165번의 실패를 거친 후, 미로를 통과했다. 그는 이러한 기록을 남겨놓았다. 그 이후 쥐들은 새끼를 낳게 된다. 그 새끼 쥐가 자라 어미 쥐만큼 되었을 때 똑같은 실험을 반복했다. 그러자 이번에는 120번 정도의 실패 후 미로를 빠져나갔다. 그 새끼 쥐의 새끼로도 같은 실험을 하였다. 그러자 더욱 놀라운 결과를 얻게 되었다. 그들은 불과 20번의 시행착오 후 미로를 나오게 된 것이다. 할머니 쥐보다 여덟 배나 빠르게 미로의 해법을 터득한 것이다. 놀라운 사실은, 태어난 쥐가 성인 쥐가 될 때까지 한 번도 미로를 보여주지 않았다는 점이다. 오로지 그들의 직감으로 미로를 통과하게 만들었다.

한 번도 경험하지 않은 미로를 세대가 지나갈수록 빨리 통과한 이유는 무엇일까? 잠재의식의 영역에 존재하는 집단정신이 영감을 일으켜 미로를 통과하게 한 것이다. 신은 인간뿐 아니라 쥐에게도 성공의 비법을 만들어놓았다. 이미 '존재하는' 성공의 방법과 해법을 이용해 쥐들은 미로를 빨리 통과하게 된 것이다.

'선택'은 인간이 가진 가장 큰 선물이다. 우리가 어떤 상황이나 환경 속에 있든 우리는 스스로 선택할 수 있다. 선택을 강요받지 않는다. 선택의 자유가 있다. 그리고 선택의 순간, 우리에게는 선택에 맞는 상황이 펼쳐진다.

부도 마찬가지다. 우리는 부를 선택해야 한다. 이미 나에게 주어진 부자의 인생을 선택해야 한다. 부자의 삶이란 부자의 사고를 가지고 행동하는 삶이다. 부를 생각하고, 부를 끌어들이는 사고를 가지는 것이다. 그 생각 속에서 말하고, 행동하며, 사람들과의 관계를 유지하는 것이다.

가난한 사람은 가난을 거부하려고 한다. 가난을 밀어내려고 한다. 하지만 가난을 거부하면 할수록 가난은 떠나지 않는다. 가난은 악이다. "악에 대항하지 말라"는 성경의 문구처럼, 격렬하게 악에 대항하다 보면 악의 성질이 나에게 전염된다.

가난도 마찬가지다. 가난에 대항하고, 가난과 치열하게 싸우다 보면 어느새 나에게 가난의 기운이 퍼진다. 가난의 흔적이 몸 안에 쌓이게 된다. 가난을 등져야 한다. 가난에 대항하지 말고, 가난으로부터 시선을 거두어야 한다. 부에 대해 무지했듯, 가난을 무시無視해야 한다.

가난을 망각하고, 가난했던 과거를 용서해야 한다. 부의 권리에 대해 무지했던 나를 용서해야 한다. 그 용서가 자신을 자유롭게 만든다. 용서는 나를 가난의 굴레에서 벗어나게 하고 부자의 날개를 달아준다.

부자는 부자의 사고를 한다. 그 사고 속에서 남다른 삶의 태도를 가진다. 부의 환경을 누리며 산다. 좋은 옷을 입고, 명품 구두를 신고 다닌다. 명품 차를 타고, 펜트하우스에서 산다. 부자들은 부자들과 시간을 보낸다. 최고급 레스토랑에서 식사하며, 한 병에 몇십만 원 넘는 와인을 웃으며마신다. 꿈같은 이야기인가? 당신의 5년 뒤 모습이다. 이미그렇게 세팅되어 있다. 다만 당신이 무지할 뿐이다.

대학 다니는 6년 동안 나는 과외를 했다. 당시에는 대학생들의 과외가 성행했다. 보험회사 다니는 엄마는 공과금을 충당하기에도 벅찼다. 매 학기 학비와 생활비를 내기에턱없이 부족했다. 그래서 나는 학기 중에도 과외를 했다.방학 때는 시간을 늘려 최대 여덟 명까지 과외를 했다. 정신이 없었다. 방학 생활을 즐길 여유는 전혀 없었다. 방학은 나에게 용돈을 벌 수 있는 최적의 시기였다.

과외받는 학생들은 대부분 부유했다. 근사한 아파트에,따뜻하고 조용한 공부방이 있었다. 온도와 습도도 적당했고, 중간중간에 간식도 먹을 수 있었다. 저녁 식사를 주는곳도 있었다. 학생은 공부를 시키고, 나는 간식을 다 먹었다. 다음 집을 가서도 간식을 모두 먹었다. 과외가 있는 날은 따로 식비가 나가지 않았다. 이집 저집 돌아다니며, 과외를 하고 배를 채웠다. 마치 뷔페를 돌아다니는 느낌이었다. 그것도 고급 한정식 뷔페였다.

뷔페에서는 음식의 맛을 느끼지만, 나는 과외 집을 돌아다닐 때마다 부자의 느낌을 느꼈다. 그 분위기를 간직했다. 그리고 상상했다. 나도 50평대의 아파트에서 따뜻한 음식과 맛있는 과일을 먹는 모습을 그렸다. 그 온도와 따뜻함의 여유를 마음 깊숙이 넣어두었다. 고층의 주상복합 아파트에서 식사하는 모습이 보였다. 사랑하는 가족들과 서로를 바라보며 맛있게 음식을 먹고 있었다. 일상의 대화를 나누며, 웃고 즐기며 행복한 저녁을 보내고 있었다. 그 속의 즐거운 소음이 들리기 시작했다. 아이의 웃음소리와 아내의 잔소리가 공존하고 있었다. 코끝을 스치는 스테이크 향이 나를 자극했다.

깜빡 졸았다. 눈을 떠보니 내 앞에 과외받는 학생이 있었다. 그는 문제를 풀고 있었고, 나는 분위기에 취해 있었다. 상상의 느낌이 온몸을 감싸고 있었다. 부의 바이브가 시작된 것이다. 부자의 사고는 부자의 상상에서 기원한다. 내가 이미 부자가 되었고, 그 느낌을 사실로 받아들일 때 부자의 바이브가 생긴다.

부자의 느낌, 부자의 분위기가 미래의 부를 끌어당긴다. 자신의 소망을 생생하게 만들고, 그 소망에 신념을 심어줄 때, 당신의 현실은 변하게 된다. 당신의 잠재의식이 램프 속 '지니'가 되어 당신의 세상을 펼쳐준다. '이미 존재하고 있는' 부자의 삶, 성공의 삶을 살 수 있게 된다.

당신도 부자가 될 권리가 있다. 다만 그 권리를 잊고 있었다. 어떻게 그 권리를 끌어올지가 관건이다. 당신의 조물주는 이미 그 모든 것을 만들어놓았다. 당신은 그것을 가져오면 된다. '이미 존재한다'는 말은 우리의 비가시영역, 즉 초월적 영역에 만들어져 있다는 의미다. 우리는 그 존재를 믿기만 하면 된다.

보이지 않는 것을 믿는 것은 쉬운 일이 아니다. 감각과 이성의 속박에서 벗어나야 하기 때문이다. 현실의 눈으로 '가난한 현재'를 보는 게 아니라, 상상의 눈으로 '눈부신 미래'를 바라봐야 한다. 그러면 우리의 잠재의식이 모든 것을 드러나게 할 것이다.

부자의 바이브를 가져라. 그것이 이미 존재하는 부의 모든 것을 누리기 위해 우리가 할 일이다. 잠재의식에 각인된 부자의 느낌, 부자의 분위기는 모든 상황을 만들어줄 것이다. 부자의 권리를 누리게 해줄 것이다. 당신의 현실을 교정해야 한다. 가난한 삶에서 벗어나 부자의 삶으로 이동해야 한다. 가난한 사고를 등지고, 부자의 사고를 받아들여야 한다. 생생하게 부자의 삶을 상상하고, 상상의 느낌을 간직하라.

가난은 마음의 병이고, 부는 누려야 할 권리다. 우리는 그렇게 살기 위해 이곳에 태어났다. 최고의 경험을 하기 위해 태어났다. 그 경험이 '자신을 찾아가는 과정'이다. 조물주가 만들어놓은 '지구별의 나의 모습'을 찾아가는 과정이다. 내가 누구인지를 자신의 상상을 통해 밝혀 나가는 것이다. 우리가 지구별에 사는 목적이다.

신은 우리에게 모든 것을 만들어놓았다. 최고의 인생으로 준비해놓았다. 당신의 바이브가 모든 것을 끌어당겨, 당신의 자리에 옮겨놓을 것이다. 부는 이미 당신 옆에 존재한다. 상상의 눈을 뜨라. 그리고 자신의 모든 권리를 누리라. 그리고 느끼라. 그 느낌이 당신에게 부를 당겨줄 것이다. 알고 있는가? 당신은 이미 부자였다.

나폴레옹과 폭탄주

1996년 3월, 입학식을 했다. 커다란 운동장에 수백 명의 사람들이 빼곡히 들어찬 기억이 난다. 두꺼운 패딩을 입고 부모님, 형제, 친구들끼리 모여 이런저런 이야기를 나누었다. 학기가 시작되었다.

난 새로운 학교에서 새로운 동기, 선배들과의 만남을 기대하고 있었다. 그들과 함께 이야기하고, 같이 공부하며 지내고 싶었다. 평생 친구를 만들고 싶은 기대감도 있었다. 훌륭한 의사가 되어 나를 찾아온 환자를 치료하고, 그에게 건강을 되찾아주는 모습도 상상했다. 공대생이 아닌 의대생으로 새롭게 출발하고 싶었다.

그런데 문제가 생겼다. 바로 술이었다. 당시 의과대학은 선후배 간의 위계질서가 상당히 경직되어 있었다. 한 학년 차이의 선배라도 깍듯이 인사해야 했다. 그의 말에 무조건 복종해야 했다. 군대도 아닌데 얼차려도 받았다. 폭행도 비일비재했다. 폭언은 기본이었고, 심한 욕도 많이 들었다. 그중 가장 힘들었던 것이 술이었다. 폭언보다 싫었던 게 폭탄주였다.

신입생 환영회라는 명목으로 매일매일 술을 마셨다. 그것도 상상하지 못할 정도의 많은 양을 마셨다. 나의 의지와 상관없이 매일 먹임을 당했다. 가장 싫었던 술이 '나폴레옹'이었다. 당시 '캡틴큐'와 쌍벽을 이루었던 저가 양주의 대표 주자였다. 나폴레옹과 맥주를 섞어 선배가 주면, 우리는 무조건 원샷을 했다. 한 방울이라도 남기면 불호령이 떨어졌다.

지금 생각해보면 왜 그런 짓을 했는지 알 수가 없다. 다만 당시의 학과 분위기와 선배들의 악습이 매년 반복되는 술 문화를 만들었다. 우리는 그렇게 신입생 시절을 보냈다. 나폴레옹을 먹는 날은 다음 날까지 정신을 차릴 수가 없었다. 속이 울렁거려 하루 종일 먹을 것을 입에 대지 못했다. 숙취가 심해 머리가 깨질 듯이 아팠다. 하늘과 땅이 빙빙 돌기도 했다. 나폴레옹이 미웠다. 나폴레옹을 만든 회사는

정신세계사 도서 안내

명상, 수행, 영성, 치유, 깨달음의 길에는 늘 정신세계사가 함께합니다. mindbook.co.kr

정신세계사
BEST 20

1. 리얼리티 트랜서핑
바딤 젤란드 지음 | 박인수 옮김
출간 직후 3년간 러시아에서만
250만 부 이상 판매된 러시아에서 인
하는지에 대한 가장 확실한 대답

2. 리얼리티 트랜서핑2
바딤 젤란드 지음 | 박인수 옮김
왜 원하는 미래가 점점 더 멀어지기만
하는지에 대한 가장 확실한 대답

3. 리얼리티 트랜서핑3
바딤 젤란드 지음 | 박인수 옮김
'딸'의 양자의 변칙'만으로는 풀 수 없는
성공의 수수께끼를 낱낱이 파헤친다

4. 티벳 死者의 서
김상운 지음
파드마삼바바 지음 | 류시화 옮김
죽음의 순간에 드는 것만으로 영원한
해탈에 이르는 티벳 최고의 경전

5. 왓칭
김상운 지음
베타파 MBC 기자가 취재, 체험한
신기한 우주원리 관찰자 효과의 비밀

6. 하루의 사랑학습
김상운 지음
조건 없는 사랑의 보상을 회복하는
'자기사랑'의 길

7. 될 일은 된다
마이클 싱어 지음 | 김정은 옮김
아내는 베스트셀러, 내맡기기 실험이
블라로운 엄청난 성공과 깨달음

8. 왓칭2
김상운 지음
시아렬 넓힐수록 마법처럼
이루어지는 '왓칭' 확장판

9. 몸의 정화 햄리
터니스 헬링웰 지음 | 정민혜 옮김
우리 몸을 관장하는 뿐 아니라
영적 진화로 이끄는 몸의 정화과의 대화록

10. 트랜서핑의 비밀
바딤 젤란드 지음 | 박인수 옮김
성공과 행복을 누리는 사람들은
트랜서핑 법칙을 실천하고 있다

11. 무경계
켄 윌버 지음 | 김철수 옮김
나는 누구인가에 관한
동서고금의 통합적 접근

12. 1 깨어남 365 현존 일력
라메린 역음 | 제나 그림
동서양의 영성도서에서 걸어올린
366가지 지혜의 문장

13. 개들명상
김상운 지음
즉각적인 치유와 현성창조를 일으키는
가장 쉽고 강력한 명상법

14. 현존 수업
마이클 브라운 지음 | 이재석 옮김
온전한 현존 체험으로 이끄는
10주간의 내면 여행

15. 용산 캄파인의 가르침
용산 칼막 지음 | 이재석 옮김
미스터리한 신비가 캄파인의
방대한 가르침 중 영적 주제만을 추린 책

16. 원조 생채식
고오다 미츠오 지음 | 전홍준, 박영일 옮김
50년간 1만여 환자를 완치로 이끈
단식·소식·제식법과 치유사례담

17. 깨어남에서 깨달음까지
아디아샨티 지음 | 정성채 옮김
'깨어남'의 일부터 이해를 통해
영적 여정의 궁극을 지혜롭게 넘어가기

18. 마음세탁소
황용소 지음
선조들은 마음병을 어떻게 다스렸을까.
하루 20분 내 마음때 씻어내기

19. 킹
캐럴린 엘리엇 지음 | 김정은 옮김
내 안의 억눌린 변태적 욕망을 드러내고
해소하여 삶의 비극을 막추는 법

20. 바이브
이화영 지음
전 재산 12만 원 흙수저를
대한민국 1% 부자로 만든 VIBE의 법칙

정신세계사 도서 목록

몸의 정렬 핸디
타니스 헬리웰의 지음 | 정승혜 옮김
우리 몸을 건강할 뿐 아니라, 요가 진화로
이끄는 몸의 정렬 가이드 대중…

나 자신과의 관계를 치유하고
건강하고 건강한 사람으로 나아가기

더 미웠다.

그러다 문득 떠올랐다. 왜 나폴레옹일까? 왜 나는 나폴레옹을 이렇게 싫어하게 되었을까? 한번 알아보고 싶은 느낌이 들었다. 갑자기 그에 대해 궁금해졌다. 그래서 나폴레옹의 삶에 대해 공부하기 시작했다. 그의 일대기를 읽어보았다. 그의 전쟁사도 살펴보았다. 그의 어릴 적 모습을 바라보고, 군대를 이끄는 모습도 바라보았다. 유럽 전역을 통일하는 모습도 지켜보았다. 그리고 알게 되었다. 그는 상상으로 전쟁을 이끌었다. 그는 잠재의식의 대가였다. 그도 바이버^{Viber}(바이브를 활용해 미래를 창조하는 사람)였다.

나폴레옹은 최고의 전략가이자 카이사르, 칭기즈칸에 버금가는 전쟁 영웅이다. 그는 코르시카 지역에서 태어나 군인으로 성장했다. 코르시카는 당시 프랑스 식민지였다. 그는 군대를 이끌었지만 식민지 출신이라는 꼬리표가 달렸다. 프랑스 정부는 그에게 제대로 된 지원을 하지 않았다. 무기와 군수물자가 턱없이 부족했다. 군화와 군복도 제대로 갖추지 못했다. 군사들의 사기는 떨어졌고, 식량마저 떨어졌다. 하루하루 버티기도 힘들었다. 나폴레옹 부대는 누더기 부대라는 조롱도 들었다.

하지만 나폴레옹은 그의 부대를 이끌고 수없이 많은 전투에서 승리한다. 막강한 화력을 자랑하던 무수히 많은 유럽 군대를 무너뜨렸다. 어떻게? 바로 바이브의 힘이었다. 무기와 화력의 열세를 상상으로 극복한 것이었다. 나폴레옹은 상상력의 거장이었다.

"전쟁은 상상하는 것이다."

그가 남긴 유명한 말이다. 나폴레옹은 전쟁이 임박하면 자신의 집무실에 홀로 들어갔다. 의자에 앉아 눈을 감았다. 그는 전쟁의 상황을 상상하며 자신의 역할을 상상했다. 전쟁의 전략을 상상하고, 전술의 방식도 생각했다. 그리고 마지막으로 전쟁에서 승리한 자신을 상상했다. 그 느낌을 간직했다. 상상 속에서 전쟁을 치렀고, 승리한 자신을 느꼈다. 이미 전쟁에서 승리하여 군사들에게 승전보를 전하는 그의 모습을 상상했다. 전쟁에서 승리한 느낌이 자신을 완전히 감쌀 때, 그는 전쟁에 임했다. 그리고 승리했다.

나폴레옹을 연구하여 많은 저서를 남긴 막스 갈로는 "그는 전쟁을 명상하는 사람"이라고 말했다. 명상을 통해 승리의 느낌을 간직하고, 수없이 많은 전쟁을 승리로 이끌었다. 유럽 대륙 전역을 통치하는 황제의 자리까지 오른다.

자신의 목숨이 걸린 상황에서도 그는 상상을 했다. 상상의 힘을 믿었고, 그 상상을 통한 승리의 경험을 믿었다. 수없이 많은 전쟁을 통해 경험은 점차 신념으로 바뀌었다. 상상이 이뤄진다는 신념은 그에게 이미 승리했다는 느낌을 주게 된다. 그 느낌이 그의 잠재의식에 각인되었다. 잠재의식에 스며든 승리의 느낌, 승리의 바이브는 그와 그의 세상을 변화시켰다. 나폴레옹에게는 '전쟁 능력'을 주었고, 세상에는 '승리의 상황'을 만들었다.

전쟁은 누구나 피하고 싶은 상황이다. 전쟁의 승리는 누군가의 패배를 의미한다. 거기에는 희생이 따른다. 승리한 쪽이나 패배한 쪽이나 목숨을 잃게 된다. 어느 쪽이 피해를 덜 보느냐가 전쟁의 관건이다. 전쟁의 승리가 꼭 옳은 결과라고 단정할 수도 없다. 과거의 역사를 바라보면 전쟁의 승리가 인류 평화와 발전에 좋은 영향을 끼쳤다고 말할 수 없다. 오히려 그 반대인 경우가 부지기수다.

다만 우리의 잠재의식은 선악에 대한 판단을 보류한다. 착하고 선한 상상이든, 나쁘고 악한 상상이든 그 가치에 대한 평가를 하지 않는다. 상상한 것만 보여줄 뿐이다. 나폴레옹의 승리를 만들 뿐이지 결과에 대한 옳고 그름을 재지 않는다.

　잠재의식은 시간적 논리를 거부한다. 시간은 과거에서 현재, 현재에서 미래로 흐른다. 우리가 바라보는 시간은 방향성이 있다. 한쪽으로만 흐른다. 하지만 잠재의식의 영역에서는 그렇지 않다. 미래의 시간이 현재로 오고, 현재의 시간이 과거로 흐른다. 반대의 상황도 가능하다. 양방향이다. 잠재의식이 바라보는 미래의 상황이 현재의 시간과 공존하게 된다. 보이는 현실과 나타나게 될 미래가 공존하는 공간이다.

　또한, 잠재의식은 상상과 현실을 구별하지 않는다. 상상이 현실처럼 느껴질 때 상상은 현실에 드러나는 것이다. 아직 우리의 가시영역으로 들어오지 못했을 뿐이다. 상상의 상황은 이미 우리 주변에 존재하고 있다. '이미 존재하는' 그 상태를 우리는 기다리면 된다. 그러면 조금씩 외부세계에서 보이기 시작한다. 단지 그것이 우리에게 나타나는 시간, '지연시간'(time lag, 바이브가 현실로 나타나는 시간)이 있을 뿐이다. 그 시간이 지나면 반드시 우리에게 나타난다. 잠재의식은 선악을 판단하지 않고, 시간의 흐름도 거부한다. 상상과 현실을 구별하지 않기에 상상의 느낌을 가지면 무조건 작동한다.

잠재의식이 움직이면 현실에 '곧' 펼쳐진다. '곧'이라는 단어의 지연시간이 있을 뿐이다. 여기서 많은 사람들이 실패한다. 포기하고 만다. 잠재의식은 없고, 그런 것은 미신이고 허구라 생각한다. 지연시간에 대한 개념이 부족하기 때문이다.

상상의 느낌이 감각의 세상에 나타나기 위해서는 시간이 필요하다. 과거에 전달된 바이브의 상황이 먼저 나타나기 때문이다. 자신이 지금 원하는 소망은 그 바이브가 이뤄진 다음에 만들어진다. 올바른 상상, 자신이 원하는 소망만 전달해야 하는 이유다. 잠재의식이 나의 인생을 만든다. 나와 내 세상을 나의 상상만큼 바꾼다.

변화의 시작은 작은 사인이다. 살면서 만나는 우연, 운, 기회 등은 감각의 세상에 펼쳐지는 변화의 시그널이다. 우리가 부러워하는 부자, 성공한 사람들, 인생의 영웅들은 그 신호를 잘 감지해서, 그에 반응했을 뿐이다. 그들은 그렇게 성공했다.

삶의 기적을 만든 사람들은 잠재의식의 법칙을 알고 있었다. 그 비밀을 간직하고 있었다. 기적은 잠재의식이 만든다. 잠재의식을 알고, 잠재의식의 특징을 잘 활용한다면 당신도 당신 인생에 기적을 만들 수 있다. 그 작은 변화를 잘 파악하고 그에 맞는 행동을 하면 된다. '나폴레옹 폭탄주'는 바이브와 잠재의식을 깨닫게 해준 내 인생 최고의 '기회'였다.

미래를 당겨 현재를 살아가라

2년 전 일이다. 나는 공중보건의 때 친해진 후배들과 일본 여행을 갔다. 2박 3일 일정의 식도락 여행이었다. 맛있는 음식과 시원한 맥주로 여행의 풍미가 넘치는 곳이 일본이다. 우리는 오사카에서 짐을 풀고 맛집을 돌아다녔다. 라멘부터, 카레, 규카츠, 우동, 대게, 스시 등 다양한 음식을 접하면서 이틀의 여유를 즐겼다.

3일째가 되었다. 우리는 짐을 챙겨 공항으로 향했다. 시간이 남아 쇼핑몰에 잠시 들렀다. 친구들과 직원들에게 줄 선물을 사고 있었다. 그때였다. 다급한 동생의 목소리가 전해졌다.

"형, 지금 태풍이 올라와서 오사카 공항 모든 비행기가 결항이래요."

이게 무슨 일인가 싶었다. 어제까지 날씨가 너무 좋았다. 우리는 즐거운 시간을 보냈고, 이제 마무리만 하면 될 시간이었다. 그런데 돌아갈 비행기가 없다. 공항에 전화해보니 다른 시간대 항공편도 일정을 알 수 없다고 했다. 막막했다. 여행사에 전화해도 같은 답변만 들려왔다.

다음 날은 월요일이었다. 하루 종일 수술 예약이 있었다. 환자분들도 자신의 일정을 비워 예약했기 때문에 당일 취소는 불가능했다. 월요일은 상담과 수술로 너무나 바쁜 날이다. 그런데 나는 오늘 일본을 떠나지 못한다. 내일도 한국에 도착할 수 있을지 알 수 없었다. 눈앞이 캄캄했다. 가슴이 답답했다. 내 옆에 동생들도 마찬가지였다. 치과를 개업한 동생도 상황은 같았다. 봉직의(월급을 받고 일하는 의사)로 일하는 후배는 더 막막했다. 사정상 서울에 잠시 다녀오겠다고 말하고 이번 여행에 동참한 것이다. 그런데 그는 지금 서울이 아닌 일본에 있었다. 내일 출근을 할 수 없게 된 것이다. 그의 눈동자가 심하게 흔들렸다.

우리 셋 다 멍해졌다. 눈은 서로를 보았지만, 마음은 딴 곳을 향했다. 어쩔 수 없는 현실에 한숨만 나왔다. 근처 카페로 이동해 대책을 논의했다. 다들 별말이 없었다. 뾰족한 대책도 없었고, 믿기지 않는 현실에 고민만 쌓여갔다.

그때였다. 문득 '바이브를 활용해볼까'라는 생각이 들었다. 눈을 감았다. 오사카가 아닌 서울로 가는 KTX 기차 안 풍경을 상상했다. 원래 일정대로 김해 공항에 도착해, 서울행 KTX에 앉아 있는 생각에 집중했다. 눈을 감고 몸을 이완시켜 약간 졸린 느낌을 가지고 계속 반복했다. 앉아 있는 의자는 카페 의자가 아닌 KTX의 좌석이라 느꼈다. 주변의 소음은 기차 안 승객의 이야기고, 기차 안에서 마신 커피 향이 입안 가득 남아 있다고 생각했다. 상상에 집중하고, 느낌에 몰입했고, 현실을 부정했다. 눈앞의 현실이, 감각이 주는 증거들을 부정했다. 이성적 사고가 아닌 상상의 힘으로 미래의 상황을 만들어갔다. KTX 의자의 감촉이 따뜻했다.

"형, 자요?"

동생이 깨우는 소리에 문득 눈을 떴다.

"형, 지금 바로 신칸센을 타고 후쿠오카로 가요. 거기서 비행기를 타고 김해 공항으로 가면 될 것 같아요. 거긴 태풍 영향권이 아니라 지금 표가 있대요. 제가 찾아보니 비행기 표가 딱 3장 남아 있어요. 택시 타고 오사카역에 도착하면 시간도 딱 맞을 것 같으니 지금 바로 이동해요."

그랬다. 우리는 택시를 타고 오사카역으로 향했다. 거기서 신칸센을 타고 후쿠오카에 도착했다. 후쿠오카 공항에서 비행기를 타고 한국에 도착했다. 저녁 9시에 나는 서울행 KTX에 몸을 싣고 있었다. 태풍을 뚫고 한국에 무사히 도착했다. 그리고 아무런 일이 일어나지 않은 것처럼 다음 날 다들 진료에 복귀했다. 일정에 없던 신칸센도 타보고, 후쿠오카도 방문했다. 후쿠오카 공항에서 맛있는 라멘도 여유 있게 먹었던 기억이 난다. 끝내주는 여행이었다.

현실의 눈으로 본 세상은 오사카의 한 카페였다. 하지만 상상의 눈은 서울행 KTX를 보고 있었다. 감각의 눈은 현실을 보지만, 상상의 눈은 미래를 본다. 그 미래의 장면을 현재의 상태와 결합시키면, 곧 현실로 드러난다. 상상과 상태를 일치시켰을 때, 즉 원하는 소망이 이루졌다는 것을 사실로 받아들일 때, 그 느낌은 현실을 변화시킨다. 미래를 끌어다 현재에 나타나게 한다. 상상의 세상을 현실로 재현한다.

나의 시각은, 현실의 눈은 3차원 세상을 바라보고 있다. 하지만 상상의 눈은 4차원의 세상을 보고 있다. 나의 감각이 보는 현실은 4차원 세상의 한 단면이다. 나의 시선에 시간이 포함되면 4차원으로 넘어간다.

　1차원의 세상은 선이다. 점과 점이 만나 선이 된다. 선과 선이 만나면 2차원 공간인 면이 된다. 그리고 면과 면이 만나면 입체가 된다. 입체가 사물을 이룬다. 우리가 바라보는 모든 사물은 3차원이다. 부피와 형태를 가지고 있다. 세상은 3차원으로 이루어져 있다.

　여기에 시간이 더해지면 4차원이 된다. 세상 모든 만물은 시간이 지나면 변한다. 변화되고 소멸된다. 4차원의 본질은 변화다. 거꾸로 생각해보자. 눈앞의 물체(3차원)를 자르면 단면(2차원)이 생긴다. 이 단면을 자르면 선(1차원)이 생기고, 선을 자르면 점이 만들어진다. 3차원, 2차원, 1차원으로 줄어든다. 그럼 사물(3차원)은 무엇인가. 사물은 4차원의 단면이다. 시간의 개념을 잘라 만든 것이 내 앞에 있는 사물이다.

　시간의 단면인 '순간의 모습'을 보는 것이 우리의 현실이다. 3차원 세상이다. 눈앞의 세상이고, 우리가 바라보는 우주의 모습이다. 우리는 순간의 세상을, 4차원의 단면인 세상을 바라보고 있다. 그리고 그것이 전부라고 믿고 있다.

　4차원의 시각은 시간을 순간으로 보지 않는다. 탄생에

서 변화, 소멸 과정 전체를 하나로 본다. 과거, 현재, 미래를 하나의 스펙트럼처럼 바라본다. 분리된 '단면의 시간'이 아닌 연속된 '시간의 전체성'으로 보는 것이다. 4차원의 시각에서는 사건들이 전체적 시간 속에 섞여 있다. 융합되어 있다. 순차적으로 흐르지 않고 방향성이 없다. 단지 동시에 일어나는 상태가 된다.

과거, 현재, 미래의 순이 아닌, 한 걸음 뒤에서 자신이 원하는 시간을 선택할 수 있다. 미래를 끌어다 현재를 살 수 있으며, 현재와 미래를 붙여 하나의 시간으로 간주할 수도 있다.

3차원의 관점에서는 시간의 단면인 하나의 사건을 본다. 현실의 눈이다. 하지만 차원을 높이면 시간을 층층이 쌓아서 결말까지 관통하게 된다. 사건을 시간으로 적분하여, 하나의 전체성을 바라보게 되는 것이다. 내면의 상상을 미래의 결론과 융합시켜 볼 수 있는 시선을 가지게 된다. 상상의 눈은 4차원의 시각을 갖는 것이다.

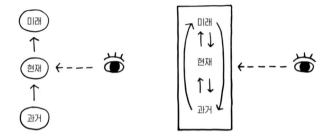

3차원의 시각과 4차원의 시각

현실의 눈을 거두고, 상상의 눈으로 세상을 바라보라. 보다 높은 차원의 시선을 가지고, 확장된 의식 상태를 유지하라. 그러면 우리는 우리의 미래를 바꿀 수 있다. 자신의 소망을 이룰 수 있고, 자신의 이상을 실현할 수 있다.

자신의 소망이 이루어진 것을 사실로 받아들이라. 그리고 그 느낌을 반복적으로 느끼라. 바이브가 자연스러운 감정으로 자리 잡을 때, 이미 당신의 세상은 달라져 있을 것이다. 당신이 할 것은 그것뿐이다. 당신의 상상을 느끼고 간직하라. 그 느낌이 모든 것을 창조할 것이다. 당신의 바이브를 믿으라.

상상과 수면이 만나면 기적이 일어난다

내가 재수생 때의 일이다.《수학의 정석》을 풀다가 펜을
던졌다. 문제 하나가 절대 풀리지 않았다. 아무리 생각을
해보아도, 기존의 공식을 대입해보아도 중간에 막혔다. 답
이 나오지 않았다.

끙끙 앓고 있다가 해답을 볼까 망설였다. 눈앞에 답안지
가 보였다. 하지만 시선을 거두고 다시 문제로 돌아왔다.
30분을 더 고민하다가 펜을 던지고 엎드렸다. 나 자신이 한
심하고 답답했다. 불안한 마음이 엄습했다. 이렇게 해서 재
수생활을 벗어날 수 있을까? 과연 이 실력으로 의과대학에
들어갈 수 있을까? 고민에 고민이 꼬리를 물었다.

그러다 잠시 잠이 들었다. 한 10분 졸았을까? 눈을 뜨고
다시 문제를 보았다. 갑자기 전혀 다른 해결책이 보이기 시

작했다. 기존의 방식과 다른 관점에서 문제가 풀리기 시작했다. 1분도 안 되어 답이 나왔다. 30분 고민하던 내가 10분의 졸음 후에 바로 답안을 찾았다. 한 대 얻어맞은 기분이었다. 누군가 내 귀로 답안을 조언해준 느낌이었다.

나는 그때 깨달았다. 잠재의식은 나에게 이렇게 다가온다는 것을. 당신도 경험한 적이 있을 것이다. 세상을 살아가면서 풀어야 할 숙제나 문제가 발생했을 때, 그 해결은 뜻밖의 시간에 이뤄진다. 잠시 졸거나 잠들기 전 멍한 느낌이 들었을 때다. 해결책이 번뜩 떠오른다.

세상에 큰 업적을 남긴 사람들도 비슷하다. '유레카'로 유명한 아르키메데스의 일화다. 그는 욕탕에 누워 졸음이 잠깐 오는 순간 질량과 부피의 관계를 알게 되었다. 왕관의 불순물 정도를 알기 위해 며칠 고민했지만 해결책을 찾지 못했다. 그러다 고민을 안고, 목욕탕 안에서 잠시 졸게 된다. 그때 갑자기 물이 넘치는 모습을 보며 부력에 의한 밀도 차이를 알게 된 것이다. 졸음의 순간 법칙을 발견한다.

'만유인력의 법칙'으로 유명한 뉴턴도 마찬가지다. 그가 떨어지는 사과를 봤을 때의 상태는 졸음을 동반한 멍한 상태였다. 소위 말하는 '멍 때리는' 상태에서 그 장면을 지켜보았다. 그리고 중력의 힘을 떠올리게 된다. 우리가 알고 있는 이 위대한 법칙도 이렇게 태어났다.

우리는 24시간 중 약 여덟 시간을 자는 데 소비한다. 인생의 3분의 1은 수면시간이다. 이것은 생명의 섭리이자 신이 우리에게 준 선물의 시간이다. 모든 치유와 변화는 수면 상태에서 시작하기 때문이다. 우리가 가진 문제의 해답은 대부분 수면을 취하고 있을 때 온다.

사람들은 착각하고 있다. 수면이 낮 시간, 즉 깨어 있는 시간의 신체적, 정신적 피로를 회복하기 위해 필요하다고 생각한다. 수면은 열심히 움직인 신체를 쉬게 하고, 하루 종일 고민한 뇌의 휴식시간이라 생각한다. 하지만 이것은 오해다. 수면은 잠재의식의 무한한 작용이 일어나는 시간이다. 낮 동안 현재의식에 가려져 있던 잠재의식이 활동하는 시간이다. 현재의식의 방해가 없는 시간이 수면 시간이다. 당신이 자고 있는 사이에 잠재의식은 인생의 훌륭한 해답을 만들고 있다. 인생의 변화와 세상의 변화가 함께 일어나는 시간이다.

잠재의식은 당신의 모든 기억이 기록되는 공간이다. 과거의 시간이 남아 있는 공간이다. 미래의 소망도 담겨 있는 공간이다. 당신이 소망한 것의 느낌을 가질 때 미래의 시간도 저장되는 장소다. 잠재의식은 현재의 모습도 바라보고 있다. 과거와 현재, 미래의 시간이 공존한다. 그 '시간의 전체성'이 해결책을 제시하는 원리가 된다. 나의 과거와 현재, 미래의 모습을 모두 알고 있기에, 나의 길을 직관적으로 알려준다.

어떤 날은 꿈으로 나타나기도 한다. 너무나 생생해 마치 조금 전에 실제 일어난 것처럼 느껴진다. 잠에서 깨어난 직후의 영감으로 알려줄 때도 있다. 어떤 생각이 불현듯 떠오르거나 생각지 못한 충동에 특정 행동을 하기도 한다. 잠시 졸거나, 잠들기 직전 멍한 상태에서 아이디어가 떠오르기도 한다.

꿈, 영감, 느낌, 아이디어는 앞으로 일어날 일들의 해결책이 된다. 우리는 그것을 받아들여 활용하기만 하면 된다. 수면이 부족하면 마음이 불안하고 초조해진다. 짜증이 나고, 우울감마저 생긴다. 몸이 피곤하고, 정신은 맑지 않다. 활력과 기운도 솟아나지 않는다. 잠재의식의 활동시간이 부족했기 때문이다. 잠재의식의 치유가 결핍되면 우리의 신체와 정신은 올바로 작동하지 않는다. 일의 능률이 떨어지고, 기억력과 집중력도 감퇴된다. 하루 종일 멍한 상태에서 시간을 보내게 된다.

뇌의 피로가 풀리지 않으면 우리 몸은 맹렬히 수면을 갈망하게 된다. 수면을 취하기 위해 어떤 희생도 감수하는 것이다. 수면부족 상태에서 운전을 하면 위험한 이유다. 생명을 담보로 졸음운전도 불사하는 것이다. 밤에 충분한 수면을 취하지 않을 경우, 일하는 중간 낮잠을 자는 것이 필요하다. 뇌의 피로를 줄여주고, 신체가 원하는 수면시간을 제공하기 때문이다.

일상에서의 어려움과 괴로움이 나를 힘들게 할 때, 잠시 마음의 수레를 멈추고 벗어나는 시간이 필요하다. 그 틀 안에서는 절대 해결할 수 없다. 잠시 몸을 이완하고, 눈을 감은 상태에서 당신의 잠재의식에게 주문해야 한다. 지금의 문제를 해결할 수 있는 방법을 요구하고 꿈에서도 그 모습을 볼 수 있기를 기도해야 한다. 잠재의식을 믿고, 신뢰하는 마음이 전제되어야 한다. 잠재의식을 의심하고, 존재에 대한 의구심이 있다면, 당신은 당신 내면에 숨겨진 보물을 절대 활용할 수 없다.

우리의 미래는 습관적 사고의 결과다. 당신의 생각과 행동, 말과 상상이 소복이 쌓여 당신의 미래에 펼쳐진다. 우리는 우리의 상상만큼만 미래를 가질 수 있다. 상상의 습관이 미래를 창조한다. 상상이 미래를 만드는 방법이 잠재의식이다. 잠재의식의 힘은 우리의 시간을 통시적으로 바라볼 수 있는 능력에서 비롯된다. 잠재의식을 활용해야 한다. 그리고 가장 중요한 시간이 바로 졸음 혹은 수면시간이다.

다음은 공포소설의 천재작가로 알려진 스티븐 킹의 인터뷰 내용이다. 그는 《미저리》의 아이디어를 어떻게 얻었냐는 질문에 이렇게 답했다.

"비행기를 타고 영국에 가던 중이었죠. 졸음이 몰려오자 나는 나의 우주에게 이렇게 주문했어요. '멋진 공포소설의 줄거리를 주세요.' 마음속으로 부탁하며 잠들었어요. 그리고 나니 꿈속에서 여성 테러범이 보이기 시작했어요. 여성은 한 작가를 인질로 잡고 죽여버리더니, 칼을 꺼내 그의 피부를 벗겨내기 시작했어요. 그리고 시체는 돼지한테 던져 섭어먹게 하고, 벗겨낸 피부는 책을 만드는 데 썼습니다. 잠에서 깬 후 떠오른 장면을 메모하고, 미저리를 완성하게 됩니다."

상상과 수면이 만나면 기적이 일어난다. 우리가 기적이

라 말할 수 있는 모든 것들은 잠재의식의 작품이다. 그 잠재의식이 수면시간에 활동한다. 우리가 잠을 활용해야 하는 이유다.

우리는 두 개의 시간을 산다. 하나는 현재의식이 주가 되는 감각과 이성의 시간이다. 깨어 있는 낮 시간이라고 할 수 있다. 이 시간은 잠재의식이 만든 것들을 확인하고, 잠재의식의 영감을 실천하는 시간이다. 또 다른 시간은 수면시간이다. 현재의식의 방해 없이 잠재의식이 활동하는 시간이다. 소망과 상상과 치유의 시간이다. 모든 변화의 에너지는 이 시간에 만들어진다.

두 개의 시간을 잘 활용해야 한다. 잠들기 전, 자신의 꿈과 소망을 잠재의식에 전달하고 해결책을 주문해야 한다. 잠재의식을 믿고 반복적으로 요구해야 한다. 낮 시간에는 상상의 느낌을 유지하며, 바이브에 반응하며 지내면 된다. 그러면 모든 것이 해결될 것이다.

잠들기 전 명령하고, 기쁘게 눈을 뜨라. 그리고 가슴에 반응하며 인생을 즐기라. 당신과 당신의 세상은 이미 달라져 있을 것이다.

시련은 축복의 또 다른 이름이다

7년 전에 나는 커피 전문점을 오픈했다. 커피와 핫도그를 파는 프랜차이즈 가게였다. 교보타워 사거리 부근이라 내가 일하는 병원과 가까웠다. 나는 커피가 좋았고, 아침에 먹는 핫도그가 맛있었다. 나의 공간에서 아침에 책을 읽고, 커피와 핫도그를 먹고 출근하는 일상을 꿈꾸었다.

당시 커피 전문점 창업이 붐을 이뤘다. 어느 정도 포화 상태라는 말도 나왔다. 하지만 핫도그와 커피를 같이 판매하면 장사가 잘될 것 같은 예감이 들었다. 본사에서 파견 나온 컨설팅 직원도 나에게 믿음을 주었다. 예상 수익률에 기분마저 좋아졌다. 주변에 커피 전문점도 없었다. 경쟁 가게도 없는 코너 자리에 계약을 했고, 인테리어 공사를 시작했다.

두 달간 공사가 지나 드디어 문을 열었다. 병원뿐 아니라 또 다른 나의 사업장이 생겼다. 병원에서 100미터도 안 되는 위치였다. 매일 아침 커피와 핫도그를 먹었다. 커피를 주문하는 손님을 뒤로 한 채, 미소를 머금고 출근했다. 일과를 마치면 결산을 보고 받았다. 믿음직한 매니저와 부매니저가 매장관리와 직원, 알바 관리까지 도맡아 했다. 매니저는 자신의 가게를 차리기 전 경험을 쌓기 위해 일하고 싶다고 면접 때 이야기했다. 열심히 일하는 모습에 믿음이 생겼다.

그러나 석 달이 지나도 매출이 오르지 않았다. 예상과 달리 일일 방문객은 늘지 않았고, 핫도그는 생각보다 잘 팔리지 않았다. 커피 맛에 불만을 품은 손님이 생기기 시작했고, 새롭게 시작한 아이스크림은 금방 녹아 환불 사태가 빚어졌다. 몇몇 포털 사이트에 악성 글이 남겨졌고, 본사로부터 시정 명령을 받기도 했다.

하지만 더 큰 문제는 다른 데에 있었다. 몇 개월의 장사에도 매출이 늘기는커녕 수익은 거의 발생하지 않았다. 매니저와 부매니저의 급여를 주기도 힘들었다. 알바생을 쓰기가 힘들어, 매장에는 매니저와 부매니저가 돌아가며 근무를 했다. 주말에는 장사를 포기해야 했다. 결국 급여를 조정하는 경지에 이르렀다.

1년쯤 지났을 때였다. 경찰서에서 전화가 왔다. 참고인 조사를 받으러 오라는 통보였다. 정신이 번쩍 들었다. 무슨 일인지 물어보니 출석해서 참고인 조사만 받으면 된다는 말만 남긴 채 전화가 끊겼다. 매장 매니저가 사기 혐의로 긴급 체포가 되었다. 사업자를 사칭해서 물건을 빌려 편취한 사건이었다.

경찰서에 도착하자 이미 수갑을 찬 채 의자에 앉아 있는 매니저가 보였다. 기가 막혔다. 말문이 막혀 진술을 제대로 할 수가 없었다. 나는 그에게 영문을 물었다. 그는 죄송하다는 말만 반복한 채 고개를 숙이고 있었다. 나는 매장을 스스로 운영할 수 있는 경험이 없었다. 커피에 대한 지식도 부족했고, 매장의 관리 경험도 전무했다. 무엇보다 병원에 상주해야 하기 때문에, 커피숍에 있을 수도 없었다. 커피 한 잔을 만들 수 있는 지식도 없었다.

매니저가 사라진 매장에 나 혼자 덩그러니 남았다. 그렇게 몇 개월을 더 운영하다가, 2년이 안 되어 매장 문을 닫았다. 엄청난 손해를 안고 좋았던 추억 하나 없이, 매장은 사라졌다. 사람에 대한 믿음도 무너졌고 사업 운에 대한 확신도 없어졌다. 자신감이 줄어들고, 주변 사람들 말을 듣지 않은 후회에 사로잡혔다. 그 자리를 지나갈 때마다 화가 났다. 짜증이 났고, 우울한 마음마저 생겼다. 그 앞을 지나가지 않으려 일부러 우회해서 병원에 출근했다. 잊으려 노력했다. 되도록 보지 않으려고 눈길을 돌렸다.

나는 고민했다. 곰곰이 생각해보았다. 나에게 큰 시련을 안겨준 2년간의 시간을 어떻게 받아들여야 할까? 단지 금전적 손해? 사람에 대한 배신감? 무턱대고 결정한 커피전문점 사업의 실패?

그러다 알게 되었다. 성공의 바이브가 없었다는 깨달음이었다. 미래의 모습이 없었다. 뚜렷한 목적 없이 사업을 시작했다. 1년 후 2호점을 내거나, 사업장을 확장하거나, 개인 브랜드를 가진다는 특별한 목표가 없었다. 성공한 사업의 결과가 보이지 않았다. 1년 후의 모습이 나에게는 없었다. 소망한 것들을 이룬 장면이 부재했다. 꿈을 이루고, 성취를 이루는 바이브가 그 당시 전무했다. 결국 실패했다. 간절한 꿈, 절실한 소망, 구체적 목표 없이 무턱대고 사업을 시작한 것이다. 커피숍이 붐이라는 당시의 분위기와 몇 몇 컨설팅 업체에 현혹되어 매장을 열었다. 생생하게 나의 매장을 상상하기 전에, 그들의 속삭임과 나의 무모한 열정에 2년이라는 시간과 막대한 돈을 낭비했다. 시련은 나에게 그렇게 찾아온 것이다.

인생을 살면서 혹은 사업을 하면서 겪게 되는 힘든 시기가 있다. 누구나 만나는 과정이고, 당연히 거치는 시간이다. 시련과 역경은 행복한 인생 혹은 성공한 사업을 위한 필수 단계다. 다만 어떻게 받아들이느냐가 남은 인생에 큰 영향을 미친다.

대부분의 사람들이 하는 착각이 있다. 시련은 되도록 피해야 한다는 생각이다. 역경은 넘어서기보다, 돌아가는 것이 좋다는 생각이다. 시련과 역경은 만나지 말아야 할 불운이라는 것이다. 하지만 전혀 그렇지 않다. 나의 경우도 그렇지만, 힘든 시기를 겪으면 반드시 얻게 되는 것이 있다. 지혜와 깨달음이다. 지혜는 반드시 경험을 통해서 얻게 된다. 힘든 시기를 겪으면 힘든 시간만큼의 깨달음이 생긴다. 우리 몸에 기록되며, 잠재의식에 기억된다. 그 과정을 통해 우리는 성장한다. 정신적으로 성숙하고, 영적으로 진화한다. 그러면서 자신에 대해 점점 알게 된다. 나란 존재에 대해, 내게 주어진 세상에 대해, 내가 만드는 세상에 대해.

시련과 역경도 이미 만들어진 것이었다. 나의 성장을 위해 미리 계획된 것이다. 나도 그것을 알고 있었다. 단지 세상에 내려와 모든 것을 잊어버린 것뿐이다. 모든 것을 알고 사는 것은 의미가 없다. 나를 찾아가는 경험을 할 수 없기 때문이다. 시련을 통해 자신을 찾을 수 있다. 그리고 성장하게 된다. 시련의 경험이 지혜를 만든다. 그 지혜들은 잠재의식에 쌓여 새로운 세상을 만든다. 한 단계 성숙한 지혜의 세상이 펼쳐진다.

세상에 자수성가한 부자들을 보면, 그들 중 시련을 겪지 않은 이는 한 명도 없다. 큰 시련을 겪고, 큰 성공을 하는 것이 그들 삶의 과정이었다. 시련의 크기만큼 부의 크기도 커지게 된다. 시련은 고통이 아니다. 해피엔딩을 위한 하나의 장치에 불과하다. 꿈을 이루고, 소망을 달성하기 위해 꼭 필요한 도구다.

당신의 인생은 이미 해피엔딩이다. 그렇게 세팅되어 있다. 행복한 결말이 이미 인생에 주어졌다. 시련은 그 과정에 존재하는 흥밋거리다. 당신은 그 과정을 즐기면 된다. 시련의 시간이 지나면 보다 성장하고, 성숙한 자아를 만나게 될 것이다. 그 속에서 보다 축복받은 일상이 펼쳐질 것이다. 시련은 축복의 또 다른 이름이기 때문이다. 그 속에서 빛나게 성장할 당신을 상상하라. 이미 그렇게 되기로 되어 있었다.

부자를 긍정하고, 부자처럼 생각하라

2002년을 기억하는가? 2002년은 월드컵의 해였다. 우리나라 축구 역사상 처음으로 월드컵 4강에 진출했다. 한국에 대한 자긍심이 그토록 높았던 적이 없었다. 그때 나는 상경했다. 여행용 트렁크에 속옷 몇 개와 옷가지 서너 개를 들고 기차에 올랐다. 지갑에 있는 돈 몇 푼과 통장에 있는 12만 원이 전부였다. 나머지는 다 버렸다. 27년의 부산 생활을 버리고 나는 서울로 향했다. 과거와 이별하고 있었다.

KTX는 서울역을 향하고 있었다. 서울역에 도착해보니 여느 역과 비슷했다. 노숙자들이 역 주변에 많이 보였다. 소주와 약간의 안주를 두고 삼삼오오 모여 웃고 떠들고 있었다. 그들이 나를 보고 있었다. 나와 눈이 마주쳤다. 가난이 나를 보는 느낌이었다. 나는 그들의 시선을 외면했다. 그들과 눈을 마주치지 않고 밖으로 나왔다. 나의 눈에 가난의 장면을 담고 싶지 않았다. 나는 가난을 등진 사람이었기 때문이다.

'나는 부자로 살겠다'라고 다짐하고 상경했다. 부자의 사고를 하고 부자의 상상을 하는 사람이 되고 싶었다. 서울역 입구를 지날 때였다. 너무나 예쁘고 늘씬한 20대 여성이 길가에 서 있었다. 지하철을 타려고 역으로 내려가는 그때, 빨간색 스포츠카가 그녀 앞에 다가섰다. 벤츠 SLK 차량이였다. 2인승 스포츠카, 소위 '뚜껑이 열리는' 컨버터블 차량이었다. 눈길이 떨어지지 않았다. 시선이 고정된 채 멍하니 그 장면을 바라보았다. 너무나 멋진 차에서 근사한 남성이 내려 여성을 차에 태웠다. 3초 뒤 차량의 뚜껑이 열렸다. '붕'하는 소리와 함께, 그들은 내 앞에서 사라졌다.

나의 심장이 요동치고 있었다. 두 가지 생각을 했다.

첫째, 나도 저 차를 가질 것이다. 서울에 도착해서 처음 보았던 차가 SLK 차량이다. 나도 저 차량을 사서, 오픈카의 드라이브를 즐길 것이다. 누군가와 함께라면 금상첨화다. 나는 상상했다. 여자친구와 SLK 차량을 타고 시원한 바람을 느끼며 운전하는 모습을 상상했다. 지하철 안의 시끄러운 소리가 잠잠해지고, 귓가에 바람 소리가 들렸다.

둘째, 부러움을 욕망하자. 부러우면 지는 것이 아니다. 부러움은 나의 감정이다. 그것은 나도 갖고 싶다는 욕망의 자연스러운 반응이다. 그 반응을 즐기고 욕망의 느낌을 유지하자. 나의 욕망을 성취한 미래의 모습을 그리자. 생생하게 상상하고, 그 상상이 이루어진 느낌을 가지자.

나는 병원 숙소로 가는 지하철 안에서 마음속으로 되뇌었다. 나는 10년 전에 SLK 차량을 샀다. 그러니까, 정확히 상경한지 7년만에 그 차량을 타고 다녔다. 물론 당시 여자 친구도 있었다. 그녀와 함께 머리카락을 날리며 서울 시내를 누볐던 기억이 난다. 지금은 다른 차량을 타고 다닌다. 욕망의 수준이 높아졌기 때문이다.

부러움을 즐기며, 욕망을 키우고, 욕망이 이루어진 느낌을 간직한 채 나는 살고 있다. 꿈은 내가 상상한 만큼 이뤄진다. 나의 상상 이상으로 세상에 나타나는 것은 없다. 언젠가 내가 꿈꿔왔던 것들이 나의 세상에 펼쳐진다. 단지 그 기억을 잊었을 뿐이다.

나의 세상이 펼쳐진다는 것은 새로운 삶을 살아간다는 의미다. '그랬으면 하는 삶'을 살아간다는 것은 '다시 산다'는 뜻이다. 다시 산다는 것은 다시 태어나는 것이다. 우리는 매일 부활을 경험하며 살아간다. 부활은 예수님의 특권이 아니다. 부활은 자신이 조금 더 높은 곳으로 승화하는 것이다. 나의 의식과 의식의 시선이 더 높은 곳으로 향하는 과정이다. 3차원의 이성의 세상에서 4차원의 상상의 세상으로 확장하는 것이다.

현실의 눈을 감고 상상의 눈을 뜨게 되면, 감각과 이성의 한계에서 벗어난다. 세상의 주인이 나로 바뀌게 된다. 견고하게 보이던 현실이 꿈처럼 사라지고, 자신의 상상이 현실로 나타난다. 감각의 속박에서 벗어나 이성의 한계를 거부하면 드디어 세상의 주인이 된다.

'감이(감각과 이성)야, 세상의 주인은 나야. 감히 네가 주인 행세를 하다니. 이제 들어가.'

현실의 한계를 벗어나 상상의 세상을 바라보자, 생생하게 상상하고, 그 상상 속에서 당신의 행동을 교정하자. 소망을 이룬 느낌을 사실로 받아들이고, 그 상태에서 내가 취할 행동을 상상하자.

상상을 통해 자신의 생각과 행동을 교정해야 한다. 당신은 인생을 바꿀 수 있다. 인생의 스토리 흐름을 꺾을 수 있다. 당신은 소망이 실현된 느낌만 유지하면 된다. 그 바이브가 당신을 둘러싼 모든 요소를 조화롭게 만들 것이다. 부자의 환경에 어울리지 않는 모든 것들은 사라질 것이다. 당신이 원하는 것들만 세상에 모여들게 된다.

당신도 부자가 될 수 있다. 부자를 긍정하고 부자처럼 상상하라. 당신의 소망을 부자로 설정하고 거기에 맞는 상황을 상상하라. 생생히 상상하고, 글로 적고, 사진으로 찍으라. 훨씬 효율적으로 당신의 상상을 살아나게 할 것이다.

그리고 소망이 이루어진 '상태'에서의 말과 행동을 하라. '상상' 속의 말과 행동과 일치시키라. 상태와 상상이 하나가 되면 그것은 현실이 된다. 선택은 당신에게 달렸다. 부는 악한 것이 아니고, 나쁜 것이 아니다. 신은 우리가 부자로 사는 것을 싫어하지 않는다. 오히려 그가 만들어놓은 모든 것을 우리가 누리길 간절히 원한다.

부자를 긍정하고 부자처럼 생각하라. 그들의 행동과 말투를 가지라. 그의 삶의 태도를 즐기라. 그리고 그 느낌을 유지할 때, 당신은 부자의 모습을 갖추게 된다. 부자의 분위기가 당신을 감싸게 된다. 이제 곧 당신의 능력이 변한다. 그리고 당신의 세상이 변한다. 그 모든 것은 이뤄지게 되어 있다. 당신은 그저 받기만 하면 된다.

삶은 머리에서 가슴으로의 여행이다

나는 운전을 좋아하지 않는다. 취미가 드라이브인 사람을 이해할 수 없다. 나는 운전을 무서워한다. 특별한 트라우마가 있는 것은 아니다. 다만 가속할 때의 느낌이 불편하다. 놀이기구를 탈 때의 두려움과 비슷하다. 가슴이 뛰고 등에 땀이 맺힌다.

고속도로 새벽 운전은 공포 그 자체다. 얼마 전 일이다. 새벽에 일이 생겨 운전을 하게 되었다. 경부고속도로를 타고 시속 90킬로미터 정속 운행 중이었다. 내 앞에는 화물을 가득 실은 트럭이 달리고 있었다. 5분쯤 지났을 때였다. 트럭의 뒤쪽 타이어가 펑 소리를 내며 터지고 말았다. 차량이 중심을 잃었다. 2차선과 3차선을 넘나들었다.

문제는 화물이었다. 엄청나게 무거워 보이는 철근 조각

이 떨어지기 시작했다. 순식간이었다. 100미터 앞에서 벌어진 일이다. 음악을 들으며 평화롭게 운전하던 나는 순간적으로 반응했다. 4차선으로 급하게 핸들을 꺾었다. 철근 부품과 터진 타이어 조각이 내 옆을 지나갔다. 정차된 트럭을 따돌린 후에야 겨우 위험에서 벗어날 수 있었다. 아찔한 순간이었다.

경고등을 켜고, 신고를 했던 기억이 난다. 당시 순간적으로 나를 움직이게 한 힘은 무엇이었을까? 사고를 예방하고, 위험을 벗어나게 했던 행동은 어디서 왔을까?

당신도 비슷한 경험이 있지 않은가? 순간적 판단으로 사고 현장을 벗어나거나, 얼음판을 밟았을 때 순간적으로 발걸음을 조절하기도 한다. 휘청거리고 발이 미끄러져도 잘 넘어지지 않는다.

직감이다. 우리는 직감의 도움을 받아, 한순간의 차이로 사고를 면한다. 인간이 가진 오감 외에도 우리는 다양한 기관을 통해 정보를 얻는다. 직감도 그중의 하나다. 직감은 뇌세포의 번쩍임이다. 직감은 순간적으로 뇌에 흥분상태를 일으킨다. 그 흥분이 움직임을 일으킨다. 생각하고 판단하기 전에 우리를 반응하게 한다. 이 반응력이 없으면 우리는 수많은 사고 현장에서 치명적 손상을 입게 된다. 직감은 행동하게 한다.

대부분의 사람은 자신의 의지에 따라 행동한다고 생각한다. 하지만 그렇지 않다. 그 의지를 불러일으키는 것이 직감이며 영감이고, 충동이다.

당신의 출근길을 한번 생각해보자. 아침에 일어나 씻고, 옷을 입고, 집을 나선다. 항상 다니는 동선을 따라 이동을 한다. 차를 타거나, 버스를 타거나, 지하철을 타고 목적지를 향한다. 자연스럽게 최단 거리로 이동한다. 회사에 도착해서 책상을 정리하고 하루 일과를 살펴본다.

대개의 직장인들이 비슷하다. 별생각 없이 루틴대로 행동한다. 여기에 논리적 생각을 하거나 판단을 하지 않는다. 이성을 통해 의식적으로 걷는 것이 아니다. 직감을 통해 무의식적으로 반응하는 것이다. 우리는 출근할 때 어떤 길로 갈지 생각하며 걷지 않는다. 출근길 바닥이 무너지지 않을까 고민하지도 않는다. 그저 습관처럼 걸어간다. 관념이 생겼기 때문이다. 나도 모르게 자연스럽게 떠오르는 생각이 바로 관념이다. 바닥은 단단해서 꺼지지 않으며, 지금 가는 길이 출근시간을 단축시켜준다는 경험이다.

경험이 반복되면 믿음이 생기고 이 믿음이 관념을 만든다. 관념은 잠재의식에 각인된다. 잠재의식에 각인된 관념이 직감과 영감을 일으킨다. 그리고 무의식적인 행동으로 이어진다. 이것은 우리가 인식하기 전에 일어난다. 우리는 거기에 반응한다.

우리 행동의 대부분은 잠재의식에 각인된 관념의 결과다. 관념이 영감을 통해 현재의식을 번뜩이게 한다. 생각하고 말하고 행동하게 한다. 현재의식이 나를 움직이게 하지만, 그 근원은 잠재의식의 관념에 있는 것이다. 우리는 잠재의식을 활용해야 한다. 잠재의식에게 주문하고 명령해야 한다. 관념을 바꾸고, 관념이 보내는 영감을 조율해야 한다. 관념이 바뀌어야 나와 나의 세상이 바뀐다.

삶은 이성의 한계를 벗어나, 상상의 자유를 누리는 여행이다. 생각하고 판단하는 단계에서 상상하고 반응하는 단계로 승화하는 과정이다. 현재의 의식 수준을 한 단계 높이고, 시선은 한 차원 높은 곳을 향하는 여정이다. 그 과정에서 우리는 판단하는 삶에서, 반응하는 삶으로 전환한다. 이성이 지배하는 삶이 아닌 영감에 반응하는 삶의 전환이 일어난다.

아무리 집안에서 반대하는 결혼이라도 나의 가슴이 반응하면, 결국 결혼에 골인한다. 차가운 이성과 주변의 상황은 결혼 생활의 어려움을 보여준다. 하지만 나의 상상으로 멋진 미래를 꿈꾸고, 완벽한 결혼의 바이브가 생기면 나의 심장은 뜨거워진다. 거기에 반응하며 살면 된다. 그러면 창조하는 삶을 살게 될 것이다.

삶이란 머리가 계산한 것으로 가슴을 데우는 게 아니다. 오히려 뜨거운 가슴이 가는 길을 이성이 도와줘야 한다. 후회 없는 삶은 심장에 반응하는 삶이다. 바이브가 만드는 세상에 응답하는 삶이다. 인생은 머리에서 가슴으로 옮겨가는 여행인 것이다.

현실의 삶에 얽매여서는 안 된다. 가난하고 궁핍하며 비굴하고 비루한 하루가 이어지더라도 당신의 삶은 아직 시작되지 않았다. 인생의 법칙을 알고 우주의 원리를 아는 순간 새로운 인생이 펼쳐진다. 그때 당신의 인생이 시작된다.

머리는 아니라고 말한다. 우주의 법칙은 허구고 미신이라고 말한다. 당신의 눈도 마찬가지다. 현재의 가난한 삶을 당신에게 보여준다. 이것이 현실이라고, 이것이 너의 삶이라고 속삭인다. 하지만 이성과 감각의 차원을 벗어나 상상과 영감의 차원에 들어서는 순간, 당신에게는 새로운 눈이 생긴다. 현실의 눈이 아닌 상상의 시선이 생기는 것이다.

이성의 굴레에서 벗어나 가슴 뛰는 인생을 살아보자. 자신의 소망을 생생하게 상상하고, 그것에 대한 믿음을 가져보자. 그 믿음을 통한 상상과 현실의 결합은 당신의 가슴에 하나의 울림을 전달할 것이다. 그 울림에 주목하고 반응하고 뜨겁게 행동하자.

감각과 이성은 당신 인생의 주인공이 아니다. 당신이 당신 인생의 주인공이고, 그들은 하수인에 불과하다. 당신은 무한한 지성과 힘을 가진 잠재의식의 주인이다. 그에게 주문하고, 그에게 반응하라. 세상은 당신이 원하는 모든 것을 가져다줄 것이다. 새로운 세상에 새로운 주인이 탄생할 것이다.

3장

현실을
바꾸는 느낌,
VIBE

VIBE, 행복을 위한 영혼의 언어

현실은 거울이다. 당신의 의식이 만든 거울이다. 현실에 실체는 없다. 현실은 당신의 믿음을 보여주는 거울일 뿐이다.

이 사실을 알기까지 나는 오랜 시간이 걸렸다. 다행히 이제는 현실의 모습과 작동 원리를 알게 되었다. 그리고 그 것을 활용하고 있다. 그 과정에서 성공하고 부를 축적하는 방법도 깨달았다. 성공한 사람들의 이야기와 그들의 모습을 보며 확신하게 되었다. 우주는 질서고, 성공은 법칙이다. 질서 정연한 우주 속에 빛나고 있는 성공 법칙을 깨닫게 되었다.

눈에 보이는 현실은 무엇일까? 앞서 말했듯 우리는 '보는 것'을 '본 것'이라 믿을 뿐이다. 내가 믿는, 나의 현재의 식이 믿고 있는 그 무엇을 우리는 '보는 것'으로 인식하고 있다. 현실에서 '보는' 것은 그렇다고 '믿는' 것이다. 믿음이 보는 것의 실체다.

사물의 실체는 알 수 없다. 우주 속에서 사물은 변화한다. 물체를 이루는 가장 작은 단위인 전자가 움직이기 때문이다. 핵을 중심으로 자신의 궤도를 따라 정신없이 움직이고 있다. 가끔 궤도를 이탈하여 다른 궤도에서 발견되기도 한다. 하지만 우리는 전자를 정확히 볼 수 없다. 위치를 파악할 수 없기 때문이다. 확률로 추측할 뿐이다. 그 위치에 있을 확률로 전자의 존재를 수치화하는 게 전부다.

사물의 특성은 원자의 결합 구조가 결정한다. 하지만 원자를 이루는 전자의 위치와 구조가 변한다면 사물은 머물러 있는 존재가 아니다. 움직이고 변하고 있다. 찰나마다 다른 모양을 가지게 된다. 그러니까 우리가 아무리 정밀한 관측장비로 들여다본다고 해도, 그것은 과거의 한순간이 포착된 모습이다. 그 모습을 '본 것'이라 '믿을' 뿐이다. 그 '믿음'이 '본 것'의 형상이다. 그 믿음이 현실이다.

믿음은 어디에서 오는가? 믿음의 전제는 무엇일까? 바로 소망이다. '바라는 마음'이 믿음을 만든다. 예를 들어, 나와 오래 사귄 여성이 있다. 나는 그녀의 사랑을 믿는다.

나는 '그녀가 나를 사랑한다'는 '믿음'이 있다. 그 믿음의 출발점은 소망이다. 바로 '그녀가 나를 좋아하길 바란다'는 바람이다. 그 바람이 반복되고, 시간이 흘러 자연스러워지면 믿음으로 바뀌게 된다. 소망에 관성이 생기는 것이다.

방향성이 생기면 의심하지 않게 된다. 그 상태가 믿음이다.

믿음이 반복되면 신념으로 바뀐다. 신념은 자신을 대표하는 믿음이다.

신념은 잠재의식으로 넘어간다. 신념은 잠재의식에서 하나의 관념으로 각인된다. 그리고 신념의 느낌도 각인된다. 바이브로 각인된다.

관념이 현실이라는 거울을 통해 나와 나의 세상에 나타난다. 바이브도 관념과 함께 나타난다. 관념은 나를 만들고, 나의 세상을 창조한다. 바이브는 나의 감정과 느낌, 분위기로 나타난다. 잠재의식의 관념이 나의 세상에 펼쳐지는 것이다.

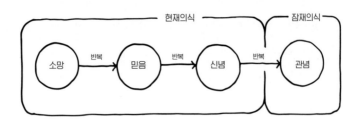

관념화의 과정

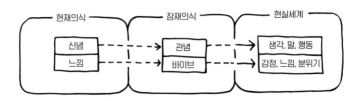

현재의식, 잠재의식, 현실의 관계

현실의 감정과 느낌, 분위기는 바이브가 만든다. 관념이 현실로 드러날 때, 그때 느껴지는 감정과 느낌이다. 관념(그녀가 나를 사랑한다는 믿음)은 나의 세상(그녀가 나를 사랑하는 현실)으로 나타나고, 바이브(그 믿음의 느낌)는 감정(사랑받는 느낌)으로 나타나는 것이다. 관념이 현실을 만들고, 바이브가 감정과 느낌을 만든다. 그리고 우리는 현실과 연결된 감정을 느끼면서 행복감, 불행감, 소외감, 충만함 등을 경험하게 된다.

바이브는 현실 느낌의 근원이다. 현실은 거울 뒤쪽의 모습이다. 거울 앞에 서 있는 잠재의식의 관념이 거울 속 나와 나의 세상을 만든다. 관념과 연결된 바이브가 거울 속 감정과 느낌을 만든다.

거울 뒤에 서 있는 모습이 나의 현실이다. 나의 현실이 거울을 통해 비친다. 그 모습을 바라보며 우리는 나와 나의 우주를 인지한다. 현실이라 믿는다. 현실의 모습이 마음에 들지 않는다면 거울 앞쪽 모습을 바꿔야 한다. 하지만 많은 사람들이 현실을 바꾸는 데 실패한다. 현실을 바꾸려 하기 때문이다. 변화하지 못하고, 현실에 매몰된 채 살아가는 이유다.

현실을 바꾸려면 거울 앞에 서 있는 잠재의식을 바꿔야 한다. 거울 앞 관념과 바이브를 바꿔야 한다. 거울 속 헝클어진 머리를 거울에 손을 넣어 다듬을 수는 없다. 거울 앞에 있는 잠재의식의 머리를 다듬어야 한다. 관념을 바꿔야 한다. 관념을 만드는 믿음을 바꿔야 한다. 우리가 바라는 성공한 인생, 행복한 현실은 그렇게 만드는 것이다.

성공의 믿음(관념)을 만들고, 성공이 이뤄졌다는 행복한 느낌(바이브)을 만들 때, 현실이 바뀌게 된다. 행복 속에서 성공한 삶을 살게 된다.

부자가 되고 싶은 이유는 단지 부를 쌓기 위함이 아니다. 부를 쌓고, 부자가 되었을 때의 느낌을 얻기 위해서다. 자유로움, 여유, 충만감, 행복감 등 부의 감정을 느끼기 위해서다. 그 느낌을 얻기 위해 우리는 부자가 되고 성공하려고 한다.

아무도 없는 무인도에서의 100억 부자는 무의미하다. 어떤 행복감도 생기지 않기 때문이다. 바이브는 행복한 삶의 근원이다. 감정은 바이브에서 시작하기 때문이다. 당신의 꿈과 소망, 상상을 이뤘을 때 연결된 감정이기 때문이다.

바이브는 행복한 인생을 만드는 영혼의 언어다. 바이브의 존재를 인식하고 그것을 활용한다면 당신은 이미 행복한 사람이다. 부와 성공은 행복을 주지 못한다. 부와 성공에 연결된 바이브가 당신에게 행복을 전달한다. 잠재의식이 행복해야 인생이 행복해지는 이유다.

Vivid, 생생하게 상상하라

'생생하다'의 사전적 의미는 '바로 눈앞에 보는 것처럼 명백하고 또렷하다'이다. 생생하게 상상하는 것은 바이브의 시작이다. 영화 속 한 장면처럼 뚜렷해야 한다. 나와 나의 상황을 구체적으로 묘사할 수 있어야 한다.

이때의 나는 관찰자가 아니다. 사건 속 주인공이다. 3인칭에서 바라보는 것이 아니라, 1인칭으로 참가해야 한다. 장면을 바라보는 관객이 아니라 등장인물이 되어야 한다. 그것도 주인공 역할이다. 영화 속 주인공이 되어 세상을 봐야 한다. 내 주변의 사람들, 그들의 말과 행동, 그들과의 대화를 생생하게 상상해야 한다. 그 속에서의 생생한 느낌을 가져야 한다. 생생함은 바라보는 것이 아니라 느끼는 것이기 때문이다.

승진을 앞둔 한 대기업 과장이 있다. 올해 연말에 인사 이동이 있을 예정이다. 그는 현재 5년 차 과장으로, 차장으로 승진하길 고대하고 있다. 그는 성공의 바이브를 가지기 위해 상상을 하기로 마음먹는다. 책에 적혀 있는 대로 승진한 모습을 상상한다. 승진 대상에 포함되어 차장이 되었다. 회사 근처에서 축하 파티를 열게 된다. 입사 동기와 선후배가 모두 모인 자리다. 그 중심에 자신이 자리 잡고 있다. 축하주와 축하 인사가 쏟아진다. 답례로 "마음껏 마셔, 내가 오늘 다 쏜다!"고 외치는 자신이 보인다. 머리에 넥타이를 맨 채 행복한 미소를 짓고 있다. 그리고 그 모습을 반복적으로 상상한다. 승진한 차장의 모습을 각인하려 노력한다.

어떤가? 당신과 비슷하지 않은가? 당신도 비슷한 방식으로 상상하고 있지 않은가? 하지만 상상의 노력만큼 결과는 좋지 않다. 왜 그럴까? 원하는 결과가 나오지 않은 것은 두 가지 이유다. 방법이 틀렸거나 혹은 자신이 원치 않는 결과를 자신도 모르게 끌어당겼거나.

생생한 상상의 핵심은 느끼는 것이다. 바라보는 것이 아니다. 상상 속의 자신을 바라보는 것은 관찰자다. 참여자가 되어야 한다. 상상 속에서 세상을 바라봐야 한다. 상상 속에서 보고, 듣고, 느끼고, 맛봐야 한다. 생생함은 보는 것이 아니라 느끼는 것이기 때문이다. 상상을 느끼는 것이 생생함의 본질이다. 방법이 틀린 것이다. 방법이 틀리니 원하는 결과가 나오지 않게 된다.

승진 파티에서 기뻐하고 있는 자신을 바라보는 것은 가능성을 만드는 것이다. '승진의 가능성'만 키운다. 가능성을 현실화하는 것은 그 속에 들어가는 것이다. 승진 파티에서 직접 옆 사람을 바라보고, 축하주를 받고, 축하 메시지를 받는 상상이 필요하다. 사람들 앞에서 감사 인사를 하고, 그들의 눈을 통해 부러움의 시선을 느껴야 한다. 파티의 열기를 온몸으로 받아들이고, 그들의 노래에 진심으로 감사해야 한다. 생생함은 그렇게 만들어진다.

'바라보는 느낌'은 '바라보는 현실'만을 만든다. '승진을 목표'로 삼는 현실만 드러난다. 목표의 현실화가 일어나지 않는다. 승진을 위한 상상을 했지만 잘못된 결과가 도출되는 것이다. 승진하지 못하고, '승진을 바라보는 인생'만이 계속 펼쳐진다. 당근을 앞에 매단 채 질주하는 말과 다를게 없다. 노력만 하는 인생이 또다시 펼쳐진다.

상상의 생생함을 가지기 위해서는 상상의 감각화가 필

요하다. 인간이 가지고 있는 오감을 통해 상상을 느껴야 한다. 승진 파티에서 보고, 듣고, 맛보고, 음미하며, 느끼는 것이다. 감각을 통해 생생함을 기억해야 한다. 상상에 감각을 붙이는 것이다. 레스토랑을 미리 가서 그 속에서 시간을 보내자. 그곳의 온도와 습도를 온몸으로 느끼고 음식을 시켜 먹자. 맛과 풍미를 가슴 깊숙이 느껴보자. 주변의 사람들을 바라보고 그들의 모습도 기억하자.

지금의 느낌을 상상과 결합하자. '상상 속 느낌'과 '경험의 느낌'을 일치시키자. '상상의 감각화'가 일어나게 된다. 맛있는 음식과 함께 즐거운 대화를 나누고, 행복한 미소가 끊이지 않는다. 미각과 후각, 시각과 청각이 즐겁다. 오감의 만족은 상상의 느낌을 긍정적으로 만든다. 행복한 감정, 즐거운 느낌, 성취감, 뿌듯함으로 연결된다. 성공에 대한 긍정의 바이브가 생긴다. 상상의 감각화는 행복한 감정을 일으킨다. 행복한 느낌이 상상의 동인이 되어 습관을 만든다. 상상의 느낌이 일상을 감싼다.

한 가지 팁이 있다. 감각 중 가장 강력한 시각을 활용하는 것이다. 시각은 오감 중 80퍼센트를 관할하는 강력한 감각이다. 시각은 다른 감각보다 몇 배나 강하다. 음악을 들을 때, 혹은 키스를 할 때 눈을 감는 이유다. 너무나 강력한 시각의 힘을 차단하기 위해서다. 더 잘 듣고, 더 잘 느끼기 위해서다.

'상상의 시각화'는 '상상의 감각화'의 기본이다. 대표적인 방식이 사진이다. 파티 장소를 찾아가 미리 사진을 찍는다. 그곳의 분위기와 자신 앞에 차려진 음식, 그리고 축하 케이크도 미리 사서 찍는다. 그날 마실 샴페인과 입을 양복도 준비해서 사진으로 남긴다. 초대할 사람들의 사진을 가지고 있으면 더욱 좋다. 그 사람들과 파티 장소의 사진을 모아 본다. 한 곳에 붙여둔다. 그들이 웃고 있는 모습과 파티의 상황이 한 장면에 연출된다. 그 모습을 다시 찍는다. 그리고 자신이 가장 즐겨 찾는 곳에 붙여둔다. 사무실 책상이나 모니터 앞에 붙여둔다. 자신의 안방 거울이나 TV 옆도 좋다. 자주 눈길이 머무는 곳에 사진을 붙여둔다. 하루에도 몇 번씩 시각화하게 된다. 그 모습이 기억되고, 상상의 느낌이 각인된다.

적는 것도 좋은 방법이다. 자신의 꿈과 소망을 종이에 적는다. 그리고 가지고 다닌다. 상상의 장면만큼 종이에 적힌 글씨는 강력한 에너지가 된다. '차장 이하영'이라는 메모는 생생한 상상의 손쉬운 자극이 된다. 자주 바라보고, 그만큼 상상하고, 그 느낌을 간직한다. 꿈을 쓰면 성공하는 이유다.

생생함은 살아 있다는 뜻이다. '生'이 두 번이나 강조된 단어다. 그만큼 살아 있는 상상이 필요하다. 그 상상이 현실을 만든다. 인생은 노력하는 것이 아니다. 상상하는 것이다. 인생은 상상을 현실화해서 즐기는 것이다. 생생함을 통해 상상을 구체화하면 곧 우리 세상에 펼쳐진다. 그렇게 살기 위해 우리는 지구별에 태어났다.

생생하게 상상하고, 생생함을 느끼라. 당신의 현실이 살아날 것이다.

Imagination, 나는 거울 속에 산다

　잠시 정리해보자. 현실은 거울이다. 잠재의식의 관념과 바이브가 거울을 통해서 비친다. 관념은 현실의 나와 나의 세상을 만든다. 나는 자아, 즉 현재의식을 말하며, 세상은 나를 둘러싼 우주(사물, 타인, 현상)를 말한다. 바이브는 현실의 감정, 느낌, 분위기를 만든다. 내가 느끼는 감정은 타인에게 느낌과 분위기로 보여진다. 부자의 사고와 감정을 가지면 부자의 느낌과 분위기가 비치는 이유다.

　잠재의식이 나의 세상을 만든다. 그리고 우리는 그 모습을 바라본다. 잠재의식은 창조자고, 현재의식은 관찰자다. 잠재의식이 만든 거울 속에 내가 살고 있다. 거울 속 나는 나의 모습을 지니고, 감정을 느끼며 살아간다. 그 속에서 보고, 듣고, 느끼고, 생각하고, 판단하며 살고 있다. 거울 속 세상에서 현실을 느끼고 있다.

좋은 소식과 나쁜 소식, 그리고 가장 좋은 소식이 있다. 먼저 좋은 소식부터 알아보자. 나의 세상은 잠재의식이 만든다. 잠재의식의 관념이 현실에 펼쳐진다. 그렇다면 잠재의식을 활용해 내가 원하는 모든 것을 만들 수 있다. 부와 명예, 성공은 스스로 창조할 수 있다.

그러나 나쁜 소식도 있다. 나는 잠재의식이 만든 세상에 살고 있기에 그가 유도하는 생각과 행동을 하게 된다. 그 생각과 행동이 세상과 조화를 이루기 때문이다. 거울 속 세상이 잘 돌아가기 위해서는 잠재의식이 통제하는 삶을 살아야 한다. 스스로 생각하고 행동한다고 믿지만, 잠재의식의 최면에 빠져 있는 것이다. 거울 감옥에 갇혀 있는 것이다.

마지막으로 가장 좋은 소식이 있다. 거울을 벗어날 수 있는 열쇠가 우리에게 있다. 바로 '현실을 다르게 바라보는 능력'이다. 현실에 파묻혀 사는 인간이 그곳을 벗어날 수 있는 유일한 방법이다. 잠재의식의 최면에서 깨어나는 능력이다.

현실을 다르게 생각하는 능력, 바로 상상이다. 상상만이 나와 나의 세상을 바꿀 수 있는 기적의 능력이다. 신이 우리에게 준 가장 큰 선물이자 축복이다. 상상이 나를 깨우고, 나의 세상을 깨뜨린다. 우리는 상상하면서 현실을 다르게 보기 시작한다. 현실을 초월한다. 거울에 파묻혀 살던 내가 드디어 깨어난다. 거울에서 빠져나와 거울 속 나를 관찰하기 시작한다. 거울 속 1인칭 시점에서 거울 밖의 3인칭 시점으로 승화한다.

거울 속 나는 현실의 나다. 잠재의식이 만든 세상에서 느끼고 판단하며 지낸다. 하지만 상상은 현실과 다르게 보는 눈을 제공한다. 거울 밖으로 나를 인도한다. 거울 밖에서 나의 잠재의식과 함께 나를 바라보게 된다. 그리고 잠재의식에 나의 상상을 전달하기 시작한다. 자신의 소망을 각인시키기 시작한다.

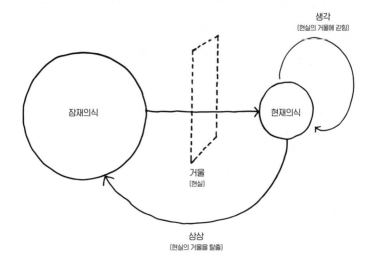

상상은 현실을 다르게 보는 능력이다

생각
[현실의 거울에 갇힘]

잠재의식

현재의식

거울
[현실]

상상
[현실의 거울을 탈출]

올바른 상상은 세 가지 전제를 필요로 한다.

먼저 현재의식의 편견을 넘어야 한다. 현재의식의 도구인 감각과 이성으로부터 벗어나야 한다. 100평대 아파트를 소유하는 꿈을 꿀 때 가장 큰 방해요소는 바로 '감이(감각과 이성)'이다.

'100평대가 뭐야. 너 지금 연봉이 얼마야. 그걸 어떻게 이뤄. 말도 안 돼. 30년을 저축해도 불가능해. 특히 강남권 아파트는 평생 모아도 살 수가 없어. 정신 차려. 상상력? 그거 다 헛소리야.' — 이성의 저항이다.

'주변을 둘러봐. 너 지금 조그만 원룸에서 지내고 있잖아. 윗집 소음에 시달리고, 비 오면 하수구 냄새가 나는 창문이 있잖아. 그거나 수리하고 맛있는 치맥 먹으며 만족하고 살자.' — 감각의 방해다.

이성과 감각에 맞서는 상상이 필요하다. 다르게 느끼고, 현실을 거부하는 깨어 있는 지성을 가져야 한다. 오감을 극복해야 한다. 상상을 통해, 상상의 육감을 이용해 감각의 한계를 넘어야 한다. 상상만이 현실의 틀을 벗어날 수 있다.

둘째, 상상의 시간이다. 감각과 이성의 방해를 최소화할 수 있는 시간이 필요하다. 현재의식이 약해지는 시간, 즉 잠들 때와 깨어날 때다. 잠들 때는 현재의식의 근육이 조금씩 풀리기 시작한다. 생각과 느낌이 조금씩 둔감해진다. 깨어날 때도 마찬가지다. 현재의식이 몽롱할 때 자유롭게 상상할 수 있다.

다만 현재의식이 약해질 때, 상상의 통제도 쉽지 않다. 잠에 취할 때, 상상도 힘들어진다. 훈련을 통해서 연습해야 한다. 완전히 잠들기 전 상상을 통제할 때 상상은 잠재의식과 연결된다. '감이'의 방해가 없기에 상상은 관념에 바로 각인된다.

셋째, 상상은 느낌을 반드시 동반해야 한다. 이것이 핵심이다. '상상하면 현실이 된다'는 말은 잘 이루어지지 않는다. 상상만 했던 사람들이 상상의 현실화에 실패하고, 상상력을 미신으로 치부했던 가장 큰 이유다. 상상이 현실을 바꿀 수 있다. 바로 상상의 느낌이 동반되었을 때다. 상상을 통해 소망이 이루어진 모습을 떠올리고, 그 느낌을 간직해야 한다.

느낌을 간직하는 것은 '결말을 바라보는 것'이 아니라 '결말의 관점에서 보는 것'이다. 결말의 위치에서 바라볼 때, 잠재의식은 결말을 현재상태(I am 결말, I am 100평대 아파트)로 인식해 세상에 펼쳐주게 된다. 상상이 아닌 바이브가 현실을 바꾸는 것이다.

상상을 통제해야 한다. 올바른 상상이 당신이 원하는 세상을 만든다. 현재의식을 벗어나고, 효율적 시간을 이용하여 상상의 느낌을 가져야 한다. 신이 우리에게 준 가장 큰 선물을 활용하는 방법이다. 그 선물을 통해 현재의식은 자신의 틀을 벗어난다. 현재의식은 단순한 관찰자에서 주체적 창조자로 진화한다. 의식이 확장되고, 영적으로 진보한다. 자신의 세계가 넓어지고, 더 높은 시선을 가지게 된다.

그곳에서 또 다른 상상을 하게 된다. 최고의 경험을 위한 위대한 상상이 시작된다. 사람은 누구나 자신의 감옥이 있다. 빅터 프랭클이《죽음의 수용소》에서 했던 말이다. 그 감옥 속에 자신의 가능성을 가두고, 한계를 바라보며 살고 있다. 현실이 감옥이다. 우리는 거울에 갇혀 있다. 잠재의식이 만든 현실에 갇혀, 감각과 이성이라는 수갑을 차고 우리는 살아간다.

상상해야 한다. 오감을 넘어서는 육감을 만날 때 우리는 깨어날 수 있다. 현실을 벗어난 사람만이 자신의 삶을 창조할 수 있다. 자신의 우주를 만날 수 있다. 그 시작이 상상이다. 상상으로 현실의 거울을 깨라. 새롭게 부화하라.

Belief, 욕망이 사라지는 원리

　나는 '믿는다'는 말을 잘 믿지 않는다. 특히 종교시설에서 흘러나오는 "믿습니까?"라는 말은 더욱 의심스럽다. 믿음은 '믿는다'는 말을 반복하는 상태가 아니기 때문이다. 오히려 믿음이 강해지면 믿는 것을 잊게 된다. 잠재의식에 관념으로 자리 잡기 때문이다.

　'상상에 믿음을 가지라'고 하면 오해하는 부분이 있다. 믿음은 인위적인 생각이 아니다. 자연스럽게 새겨진 소망이 믿음이다. 이루어질 것이라는 억지 믿음은 믿음이 아니다.

　"믿고 있다"고 중얼거리는 사람들이 많다. 하지만 그들은 믿음에 도달하지 못한다. 거짓된 믿음이다. 가식적 믿음이기에 결코 성공할 수 없다. 소수가 누리는 상상의 결과를 그들은 경험하지 못한다. 상상의 습관화는 좋다. 하지만 올바른 상상을 해야 올바른 결과가 나온다. 억지 방식은 상상에 집착하게 한다. 집착은 결핍을 전제로 한다. 결핍된 현재 상황이 잠재의식에 각인된다. 그 상황이 눈앞에 펼쳐지게 된다. 상상과 정반대 현실이 펼쳐지는 것이다.

펜실베이니아 대학의 외팅겐 교수는 졸업반 학생을 대상으로 설문 조사를 했다. '얼마나 자주 자신이 취직한 장면을 상상하느냐'고 물어보았다. 그리고 졸업 후 그들의 모습을 추적 관찰했다. 결과는 어땠을까? 상상의 힘을 알고 있었던 외팅겐 교수는 뜻밖의 결과에 놀라게 된다. 예상과 전혀 다른 모습이었다. 취업을 자주 상상한 학생들이 그렇지 않은 학생들보다 취직률이 더 낮았으며, 보수도 더 적었다. 오히려 상상을 적게 한 졸업생들이 좋은 일자리에서 보수도 높게 받고 있었다.

캘리포니아 대학의 팸 교수도 비슷한 실험을 했다. 그는 학생들에게 중간고사에서 높은 점수를 받는 장면을 매일, 몇 분씩 상상하게 했다. 좋은 성적을 얻고 기뻐하는 자신을 상상하도록 교육했다. 상상을 이미지화했고, 생생하게 떠올리게 했다. 결과는 어땠을까? 심상화(이미지화)에 매달린 학생들의 성적이 오히려 떨어졌다. 상상을 자주 할수록, 오래 할수록 결과는 좋지 않았다. 성적과 상상의 시간이 반비례한 것이다. 상상하면 현실이 된다고 하는데 정반대의 결과가 나온 것이다.

왜 이런 결과가 나왔을까? 결국 상상의 느낌을 가지지 못했기 때문이다. 욕망을 상상했기 때문이다. 우리는 자신의 욕망을 상상한다. 자신이 원하는 위치나 지위, 부와 명예 등 다양한 욕망을 꿈꾼다. 욕망이 이뤄지길 바란다. 누구나 원한다. 하지만 소수만이 성공한다. 믿음의 차이 때문이다.

자신의 상상을 얼마나 믿느냐가 성공과 실패를 좌우한다. 상상이 믿음으로 바뀌어야 관념으로 각인되기 때문이다. 모든 사람들은 자신의 욕망을 품고 있다. 꿈을 간직하고, 소망을 바라보며 살아간다. 그 꿈을 이루기 위해 필요한 것이 바이브다.

상상을 통해 소망이 이루어진 느낌을 가져야 한다. 하지만 쉽지 않다. 상상은 착각하는 것이기 때문이다. '생각'은 쉽지만, '착각'은 어렵다. '결말을 생각하는 것'은 생각하는 것이다. '결말에서 생각하는 것'이 상상하는 것이다. 생각은 바라보는 것이고, 상상은 보고 느끼는 것이다. 생각은 3

인칭이고, 상상은 1인칭이다. 생각과 착각의 차이는 크다.

나는 지금 진료실에 앉아 이 글을 쓰고 있다. 하지만 언젠가 하와이로 떠날 계획이다. 아마 사랑하는 연인과 함께 일주일간의 꿈같은 휴가를 하와이에서 보낼 것이다. 그리고 나는 이것이 곧 실현될 것임을 안다. 바이브의 힘을 믿기 때문이다. 나의 상상으로 이룰 것이다.

어떻게? 착각을 통해서다. 상상을 통한 착각이 믿음을 만든다. 믿음은 관념이 되어 잠재의식을 움직이게 한다. 이것이 나를 하와이에 데려다줄 것이다. 상상을 통한 착각은 신선한 경험을 만든다. 나는 시간이 날 때마다 진료실 의자에 앉아 바이브를 만든다. 상상이 이루어진 느낌을 간직한다. 의자에 앉아 눈을 감고 스스로에게 주문을 건다. 당신도 따라해보라. 어떤 방식보다 상상의 현실화에 도움이 된다.

발가락에 힘을 뺀다. 발목에 힘을 뺀다. 무릎에 힘이 빠지고, 고관절도 느슨해진다. 배도 편안해진다. 나의 숨이 자연스럽게 가슴을 지나간다. 목이 이완되고, 턱관절도 벌어진다. 나의 의식도 늘어지기 시작한다. 서서히 잠에 빠지면서 나의 상상이 눈앞에 펼쳐진다. 졸리기 시작한다. 눈꺼풀이 무거워진다. 상상에 빠져든다. 조금씩 잠이 들면서 상상의 세계가 펼쳐진다. 눈앞에 하와이 해변이 보인다. 내 앞에 모히토 잔이 놓여 있다. 얼음 조각이 땀을 흘리며 나를 쳐다본다. 그녀가 나에게 다가온다. 눈앞의 미소가 아름답다. 나에게 손을 건네며, 해변으로 나를 인도한다. 행복감이 넘친다. 웃음이 끊이질 않는다. 저녁에 있을 샴페인 파티는 나를 더욱 설레게 한다. 가슴이 두근거린다. 심장이 반응한다. 입가에 미소가 번진다.

"원장님, 상담 환자 오셨어요."

직원이 문을 두드린다. 깜짝 놀라 눈을 뜬다. 앞에 있는 잔을 쳐 깨뜨릴 뻔했다. '여기가 어디지?' 주위를 둘러본다. 진료실이다. 앞에 놓인 거울이 놀란 나를 비춘다. 멍한 눈빛이 나를 바라본다. 입꼬리가 살짝 올라가 있다. 볼도 약간 상기되어 있다. 아직 떠나지 않은 하와이의 기운이 나를 감싸고 있는 것이다. 하와이의 바이브가 나를 미소 짓게 만들고 있다. 그러면 나는 안다. 나는 곧 그곳에 있을 것이다. 나의 바이브가 나를 하와이로 보내줄 것이다. 그리고 다시 진료에 매진한다.

생각은 착각이 아니다. 상상이 착각이다. 이미 그곳에 있다는 믿음이 착각이다. 이곳이 진료실이 아니라 하와이라는 믿음이 착각이다. 착각이 쌓일 때 믿음이 쌓인다. 상상에 믿음이 더해지면 욕망이 줄어든다. 이미 가질 것을 알기 때문이다. 이미 소유할 것을 알기에 더 이상 갖고 싶은 마음이 생기지 않는다. 물건이 생기면 욕망이 사라지는 것과 같은 원리다.

결핍도 사라진다. 욕망은 결핍에서 나온다. 하지만 욕망에 대한 믿음은 결핍을 사라지게 한다. 충족에 대한 확신이 생기기 때문이다. 집착도 사라지게 된다. 결핍이 집착을 만들기 때문이다. 믿음은 욕망과 결핍을 사라지게 한다. 그리고 어느 순간 현실에 나타나게 한다.

우리가 원하는 소망은 믿음이 생겼을 때 불현듯 현실에 드러난다. 잊었던 과거의 꿈이 어느새 보이기 시작한다. 꿈을 잊는다는 것은 멀어지는 것이 아니다. 오히려 꿈을 가까이할수록 꿈은 멀어진다. 꿈을 좇아가기 때문이다. 그것에 집착하게 된다. 집착의 현재 상황은 결핍이다. 잠재의식은 꿈의 결핍 상황만 만들게 된다.

믿음을 통해 욕망을 잊어야 한다. 꿈을 이루었다는 믿음으로 욕망으로부터 자유로워져야 한다. 믿음의 느낌만 유지한 채 잊고 지내면 된다. 가끔 바이브를 느끼며 행복의 미소만 지으면 된다.

VIBE의 출발은 생생하게 상상하는 것이다. 'VI'가 출발점이다. 하지만 현실화에 대한 믿음, 'BE'가 바이브의 핵심이다. 그 믿음이 잠재의식에 각인된다. 상상이 이루어진 느낌이 바이브다. 바이브가 생겼다는 것은 이미 믿음에 도달한 상태를 의미한다. 이제 곧 펼쳐진다. 더 이상 욕망하거나, 상상할 필요가 없다. 'VI'로부터 자유로워진다. 'BE'는 현실화의 가장 중요한 단계다. 현실화에 대한 믿음이 현실을 만든다. 믿음으로 바이브는 완성된다.

믿음은 욕망의 유무로 알 수 있다. 믿으면, 욕망이 사라진다. 그 자리를 바이브가 채운다. 상상의 습관화는 상상이 이루어진다는 믿음을 가지는 것이고, 그 믿음의 느낌을 간직하는 것이다. 욕망을 반복하는 게 아니다. 욕망을 잊어가는 것이 올바른 상상이고, 상상의 방향이다.

욕망이 사라지는 믿음을 가지라. 당신의 세상은 당신이 만든다. 그 세상에 상상의 씨앗을 뿌리라. 그리고 믿음의 흙으로 덮으라. 그러면 잠재의식이 현실이라는 열매를 가져다줄 것이다. 발아하지 않는다고 '믿음 흙'을 파헤치지 말라. 조급해하지 말고, 집착하지 말라. 그곳에서 시선을 거두고 또 다른 상상을 하라. 어느 순간 싹을 틔우고 있을 것이다.

욕망이 줄어든다고 걱정하지 말라. 욕망이 사라지는 것이 아니다. 욕망에서 자유로워지는 것이다. 욕망이 사라질 때 당신의 꿈은 나타날 것이다. 꽃이 떨어져야, 열매를 맺는 것이다.

Equalization, 상실想實의 시대

'R=VD'를 아는가? 꿈을 현실로 만드는 공식이다. 현실화(Realization)는 생생하게(Vivid) 꿈꾸면(Dream) 된다는 법칙이다. 《꿈꾸는 다락방》의 이지성 작가가 소개한 개념이다.

나도 이 책을 읽었다. 너무나 재밌고 신선해서 다섯 번이상 정독했다. 그리고 실천했다. 매일매일 나의 꿈을 상상했다. 그리고 더 생생하게 상상하려 노력했다. 좋은 성과도많았다. 실제로 나의 소망이 상상을 통해 이뤄졌다. 상상의현실화는 우연이 아니었다. 상상과 현실은 관계고 연결이고 법칙이었다.

요즈음은 자주 상상하지 않는다. 좋은 바이브만 만들면이뤄지기 때문이다. 오히려 자주 상상할수록 나는 상상에집착하게 되었다. 결핍의 상황만 만들어졌다. 상상을 좇는 현실만 반복되었다. 상상의 방향을 결말이 아니라 결말의 느낌으로 바꾸었다. 소망을 이룬 느낌을 가지려 노력했다. 그 과정에서 상상은 현실로 드러났다. 바이브가 나의 세상을 바꾸고 있었다.

결말의 느낌을 갖는 것은 소망이 이루어진 상태를 느끼는 것이다. 내가 원하는 삶을 미리 살아보는 느낌이 바이브다. 내가 원하는 집에서, 내가 원하는 차를 타고, 내가 원하는 시간을 보내는 느낌이다. 미래를 당겨 현재를 사는 방식이다. 결말의 상황을 현재의 시간에 결합하는 것이다. 상상의 현실화는 현실화의 느낌을 가질 때 이루어진다. 그 느낌을 가지고 세상을 바라볼 때, 잠재의식은 미래를 현실로 인식한다. 미래의 상황을 관념화하여, 현실로 만든다. 세상이 변하기 시작한다.

당신은 왜 부자가 되고 싶은가? 당신은 왜 몇백억, 몇천억을 가지고 싶은가? 곰곰이 생각해보라. 왜 성공해서 부를 쌓고, 부자의 반열에 오르고 싶은지. 결국 부자가 되었을 때, 그 느낌을 느끼고 싶어서다. 당신이 100억을 모았다고 해서 부자가 아니다. 100억을 가졌을 때의 느낌이 부자를 만든다. 그 느낌이 부자가 된 믿음을 준다. 부자의 감정을 느끼기 위해 우리는 부자가 되는 것이다.

행복감, 자유로움, 여유로움, 충만감, 성취감, 뿌듯함 등 부의 감정을 느끼기 위해 우리는 부자를 갈망한다. 감정을 경험하기 위해서다. 감정을 경험하고, 그 경험을 통해 나의 감정을 확장하기 위해서다. 우리가 지구별에 온 이유다. 감정을 통해 깨달음을 얻기 위해서다. 그 깨달음을 통해 나의 의식은 확장되고 더 큰 상상을 하게 된다. 더 큰 세상이 펼쳐진다.

하지만 많은 사람들이 상상하고, 상상의 느낌을 가지려 하지만 실패한다. 여기서 대다수의 사람들은 포기하며, 낙담하고 분노한다. 허구라 욕하고 미신으로 간주한다. 잘못된 방식으로 상상하기 때문이다.

현실화의 핵심은 일체감(Equalization)이다. 상상과 현실을 결합해야 한다. 미래와 현재를 일치시켜야 한다. 예를 들어, 자신이 꿈꾸는 어떤 사람의 삶이 있다. 그의 삶을 동경하며, 나도 그 사람처럼 살고 싶은 욕망이 생긴다. 그의 집에서 살고 싶고, 그의 차도 타고 싶다. 그의 부를 나도 누리며, 여유로운 시간을 보내고 싶다. 어떻게 하면 나도 그의 삶을 살 수 있을까?

내가 그가 되어야 한다. 내가 빌 게이츠처럼 살고 싶다면 빌 게이츠가 되어야 한다. 그의 모습을 바라봐서는 안 된다. 그를 꿈꿔서는 더더욱 불가능하다. 그의 삶을 바라보면 그가 될 수 없다. 그 사람 속으로 들어가야 한다. 그 속에서 세상을 봐야 한다. 그가 되어야 그의 세상이 펼쳐진다.

믿음이 잠재의식에 각인될 때는 나의 현재 상태가 전제가 된다. 1인칭 현재 상황이 잠재의식에 들어간다. 쉽게 말해 'I am(어떤 상태)'가 관념이 되어 각인된다.

예를 들어, 공무원 시험을 준비하는 학생이 있다. 그는 상상을 통해 '나는 곧 공무원이 될 것이다'라는 믿음이 생겼다. 그러면 그 학생은 공무원이 되기 힘들다. 그 믿음의 전제는 '나는 현재 공무원이 아니다'인 것이다. 그 현재 상태인 'I am 공무원이 아니다'가 잠재의식에 각인된다. 따라서 공무원이 아닌 현실이 펼쳐지게 된다. 그는 절대로 공무원 시험에 합격할 수 없게 된다. 잘못된 방식으로 접근하기 때문이다.

빌 게이츠가 되고 싶다면 'I am 빌 게이츠'를 각인시켜야 한다. 이미 빌 게이츠가 되어 세상을 바라보고 느낄 때, 그 믿음이 잠재의식에 각인된다. 그러면 그 관념이 현실로 드러나고, 빌 게이츠의 삶이 펼쳐진다. 하지만 대부분 'I imagine 빌 게이츠'를 하고 있다. 빌 게이츠의 삶을 상상하고 있다. 결말을 상상하는 것이다. '원하는 삶'을 상상하는 것이다. 결말의 상태에서 상상하는 것이 아니다.

'원하는 삶의 상태'를 느껴야 한다. 결말의 상태를 느껴야 일체감을 만들 수 있다. 빌 게이츠의 눈으로 세상을 보고, 그의 입으로 말하고, 그의 귀로 들어야 한다. 내가 그 속으로 들어가 그의 생각과 느낌을 공유하며 살아야 한다. 1인칭 현재로 시간을 보내야 한다.

'I will be 빌 게이츠'는 최악이다. 빌 게이츠가 되고 싶다는 상상은 절대 이루어질 수 없다. 상상을 상상하는 것이다. 미래의 꿈만 상상하는 것이다. 그가 되고 싶다는 말은 'I am 그와 전혀 다른 삶을 살고 있다'라는 의미를 전제로 한다. 그 현재 상황이 잠재의식에 각인된다. 오히려 자신이 원하는 인생과 멀어지게 된다. 원하면 원할수록 꿈에서 멀어지는 이유다. 상상할수록 반대의 상황이 펼쳐지게 된다. 많은 사람들이 실패하는 이유다. 또한, 공무원 시험에서 떨어지는 이유다.

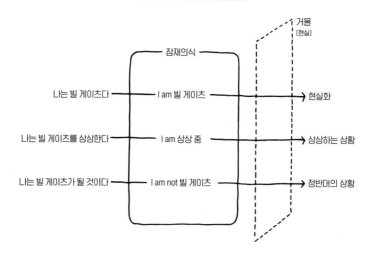

결말의 느낌을 상상하라

거울 [현실]

잠재의식

나는 빌 게이츠다 —— I am 빌 게이츠 ——→ 현실화

나는 빌 게이츠를 상상한다 —— I am 상상 중 ——→ 상상하는 상황

나는 빌 게이츠가 될 것이다 —— I am not 빌 게이츠 ——→ 정반대의 상황

상상을 상상하지 말아야 한다. 결말을 상상하지 말아야 한다. 결말의 느낌을 상상해야 한다. 이미 내가 그것을 이룬 일체감을 느껴야 한다. 소망이 이미 이루어진 느낌을 사실로 받아들여야 한다. 그 느낌이 한 차원 높은 시선을 제공할 것이다. 보는 것을 믿는 것이 아니라 믿는 것을 보게 될 것이다. 거울 속 현실을 벗어나 창조자의 시선을 가지게 될 것이다. 자신의 현실을 만들고, 스스로 바라보게 될 것이다.

상상의 현실화는 상상의 열매를 맺는 것이다. 자신의 꿈을 결말의 느낌으로 이루는 것이다. 상상의 씨앗이 현실의 열매를 맺게 된다. 삶은 그렇게 흘러간다. 상상이 만드는 흐름대로 당신의 인생은 변해간다.

당신이 바라보는 현실에서 벗어나라. 그리고 상상의 느낌을 간직하며 살길 바란다. 그러면 당신의 세상이 펼쳐질 것이다. 위대하고 특별한 삶의 주인공이 될 것이다. 상상이 현실이 되는 세상이 펼쳐질 것이다. 상상想像과 현실現實이 결합될 것이다. 당신의 상실想實(생각이 현실이 되는)의 시대를 즐기라.

사진을 보다가

'사진을 보다가 한쪽을 찢었어. 지금 우리처럼 한쪽을 찢었어. 나 남자답게 그렇게 널 잊고 싶어서 사진을 찢어버렸어.'

바이브의 〈사진을 보다가〉의 가사다. 2003년, 레지던트 1년 차 때였다. 서울에 와서 처음으로 '서울 여자'와 사랑에 빠졌다. 사투리로만 살아오다가, 서울말로 연애를 시작했다. 완벽하게 서울말을 구사했다. 물론 내 생각이다. 나는 열심히 서울말을 썼다. 서울말을 쓰는 사람이 그렇게 멋져 보였다.

말은 세상을 바라보는 틀이고 세상의 한계다. 세상은 언어로 구성되어 있고, 나의 생각과 개념은 언어로 귀결된다. 우리는 자신의 언어만큼만 세상을 바라보게 된다. 서울말로 바라본 세상은 뭔가 고급졌다. 부산말로 봤던 세상은 구수했다.

2003년에 나는 '고급진' 사랑을 했다. 그리고 다음 해에 헤어졌다. 그때 한창 들었던 노래다. 멜로디도 애잔하고, 가사도 날카로웠다. 가슴을 찔렀다. 노래를 들으며, 그녀와의 사진도 찢었다. 가사처럼 그녀를 잊고 싶어서 사진을 찢어버렸다. 그리고 그녀를 잊으려 노력했다. 일상으로 돌아가려 노력했다. 일에 파묻혀 살았다.

사진은 과거다. 사진은 종이에 각인된 기억이다. 기억은 전기신호다. 기억은 뇌가 만든 전기신호의 해석이다. 신호를 나의 현재의식이 해석한 것뿐이다. 따라서 기억은 왜곡된다. 나의 현재 상황, 현재 감정에 따라 해석을 달리하기 때문이다. 우리는 기억을 추억으로 바꾼다. 기억에 감정을 더하면 추억이 된다. 추억을 가슴에 묻어둔다. 가끔 떠올리며 당시의 기억과 감정을 되살린다. 그리고 다시 포장한다. 또다시 따뜻한 느낌을 더한다. 첫사랑의 추억은 그렇게 만들어진다. 왜곡되고 과대 포장된다.

나이가 들어서는 첫사랑을 만나지 말아야 한다. 전혀 다른 사람이 나올 수 있기 때문이다. 나도 그랬다. 기억과 달리 사진은 왜곡되지 않는다. 시간이 지나도 사진에 담긴 모습은 변하지 않는다. 변했다면 당신이 병원을 좀 가봐야 한다. 사진은 왜곡이 아니다. 다만 사진에 담긴 사람이 왜곡이다. 사진에는 포장된 이미지가 들어간다. 웃고 있는 모습이 담긴다. 슬픈 사진을 찍는 경우도 있다. 하지만 우리는 대부분 사진 찍을 때 '치즈', '김치'를 한다. 사진 속에서라도 웃는 표정을 남기고 싶어서다. 사진 속 웃는 모습을 보며, 현실을 위로받고 싶은 거다.

과거의 사진을 들춰보는 이유는 한 가지다. 위로받기 위해서다. 과거의 모습을 보며 추억을 떠올리기도 하지만, 사진 속 미소를 보며 긍정의 감정을 얻기 위해서다. 과거의 나로부터 현재의 내가 위로받는다. 사진의 기능이자 역할이다.

나도 사진을 많이 찍는다. 일상에서도 찍고, 특별한 날에도 찍는다. 사람들과의 모임이나, 학회, 세미나에서도 사진을 찍는다. 과거를 저장하고, 기억을 붙잡고 싶은 욕심 때문이다. 당시를 떠올리며 행복했던 순간을 기억한다. 그 느낌을 떠올리며 미소 짓는다. 과거 사진은 나의 '감정'을 위해 존재한다.

요즈음 나는 미래 사진을 찍는다. 앞으로 내가 살 아파트와 타고 싶은 차, 가고 싶은 여행지를 찍는다. 직접 가지 못하면 사진을 구해서 간직한다. 나는 이런 멋진 사진들을 주로 모니터나 화장실 거울, 혹은 지갑 속에 간직한다. 아니면 진료실 책상 유리 아래에 넣어놓기도 한다. 항상 바라보며 상상하기 위해서다. 이미 그것을 가졌거나, 그곳에 있다는 느낌을 간직하기 위해서다. 미래의 사진에는 '바이브'가 담긴다. 미래 사진은 상상을 위해 찍는다. 사진은 바꿀 수 없지만 현실은 바꿀 수 있다.

미래 사진은 찍는 방법이 있다. 당신도 앞으로 이렇게 찍으라. 만약 당신이 가지고 싶은 드림 카가 있다면 일단 매장으로 달려간다. 시승 예약을 하면 더욱 좋다. 자신이 가지고 있는 가장 좋은 옷을 입고 당당하게 들어간다. 그리고 차 사진을 찍는다. 미래 사진을 찍는 것이다.

이때 주의해야 할 것이 있다. '차'를 찍거나, '차 옆에서 포즈를 취한 모습'을 찍으면 안 된다. '운전하는 상황'을 찍어야 한다. 핸들을 잡고 있는 손, 브레이크를 밟고 있는 발, 선루프 버튼, 블루투스 버튼 등을 누르는, 자신이 운전하는 모습을 찍어야 한다. 차를 사용하는 상황을 찍어야 한다.

자신의 눈으로, 1인칭의 관점에서 모든 이미지를 담아야 한다. 나의 현재 상황인 'I am 운전 중'이 잠재의식에 각인되기 때문이다.

운전자의 눈으로 세상을 바라봐야 차를 소유한 느낌, 바이브가 생긴다. 그때의 느낌을 간직하면 현실에 나타나기 시작한다. 핸들의 따뜻함, 브레이크의 강도, 선루프 버튼의 촉감, 블루투스 버튼의 느낌이 바이브다. 사진과 함께, 그 느낌을 연결해놓으면 된다. 사진은 미래의 현실이 되고, 느낌은 미래의 감정이 될 것이다. 이렇게 찍은 미래 사진이 당신의 현실을 소망과 일치시킬 것이다.

차를 소유한 느낌보다 차를 사용하는 느낌을 간직하는 것이 좋다. '소유' 사진보다 '사용' 사진을 찍는 이유다. 한 단계 높은 차원을 상상하는 것이다. 사용은 소유해야 할 수 있다. 차량을 운전하는 상황의 전제는 차량을 소유하는 상태다. 그 상태가 잠재의식에 전달되어 각인된다. 차량을 소유하고 싶다면 운전하는 상상을 해야 한다. 한 단계 높은 상상이 미래를 빨리 끌어당긴다.

과거 사진은 '자신을' 보는 사진이다. 자신의 미소가 나에게 보여진다. 사진은 가치중립적 사물이다. 하지만 우리는 사진에 자신의 감정을 불어 넣는다. 사진은 추억이 된다. 추억은 나에게 당시의 감정을 전달한다. 힐링이고 위안이다.

미래 사진은 '자신이' 보는 사진이다. 사진은 나의 시선이 되고, 나의 상상이 된다. 미리 느껴본 감정은 바이브가 되어 나의 잠재의식에 각인된다. 사진은 현실이 된다. 사진의 상황과 느낌이 재현된다. 꿈이 이뤄지고, 소망이 펼쳐진다.

한때 사진을 보다가 한쪽을 찢었다. 슬펐던 과거의 한 장면은 그렇게 사라졌다. 하지만 사진을 찢는다고 나의 기억이 사라지진 않는다. 오히려 찢는 장면이 또 다른 기억으로 남을 뿐이었다. 과거를 잊기 위해서는 잊으려 노력하기보다 과거를 등져야 한다. 자신의 시선을 거두고 미래를 향해야 한다. 과거를 거부하고 맞서려 할수록 과거의 상황에서 벗어날 수 없다. 미래를 향해 자신의 시선을 옮겨야 한다. 미래는 상상의 삶이다. 미래는 창조자의 현실이다.

나의 미래는 내가 만든다. 나의 상상이 만들고, 상상의 느낌이 끌어당긴다. 그 과정에서 미래 사진은 좋은 동반자가 될 것이다. 사진 속에 미래가 있다. 그 미래의 주인공은 당신이며, 곧 드러나게 될 것이다. 사진을 통해 좋은 바이브를

만들어보자. 빛나는 미래가 탄생할 것이다. 그 미래의 정상
에서 이제는 사진을 찍어도 된다. 사진은 그때 찍는 것이다.

천국의 계단

당신은 천국을 믿는가? 죽으면 천국이나 지옥으로 간다는 종교적 가르침을 믿는가? 종교와 상관없이 '천국'이라는 곳은 당신에게 어떤 느낌인가? 당신의 천국은 어떤 모습인가?

나는 어릴 적 성당을 다녔다. 부산에 있는 남천 성당이었다. 내가 초등학생일 때, 그 성당은 굉장히 작았다. 당시 신축을 해서 지금은 꽤 큰 규모를 자랑한다. "하느님, 예수님, 우리 성당이 너무 작아요. 신부님도 안 보이고, 수녀님도 안 보여서 고개를 이리저리 흔들어요"라고 시작하는 기도를 매주 외웠던 기억이 난다.

내가 성당을 다닌 이유는 하나였다. 같은 성가대였던 여학생 때문이었다. 그녀는 너무나 예뻤다. 나보다 한 살이

적은 그녀였다. 긴 생머리에, 천사의 눈망울을 가졌다. 피부는 4월의 벚꽃을 닮았다. 그녀는 항상 내 옆에서 노래를 불렀다. 그녀의 목소리는 나의 심장을 흔들었다. 눈을 맞춰 합창할 때면, 세상은 천국으로 변했다. 그녀의 목소리가 머무는 곳, 나의 심장이 반응하는 공간, 그곳은 나에게 천국이었다. 하늘에서 벚꽃이 내리고 있었다.

천국은 어떤 모습일까? 너무 추상적인가? 그렇다면 당신이 꿈꾸는 지상낙원은 어떤 곳인가? 지상에서의 어떤 삶이 천국 같은 삶일까? 아마도 꿈꾸는 모든 것들이 이뤄지는 공간일 것이다. 꿈꾸면 현실이 되는 곳일 것이다. 상상만 하면 눈앞에 실현되는 공간이 천국이자 지상낙원일 것이다.

집을 갖고 싶은 생각이 들면 집이 눈앞에 펼쳐지고, 먹고 싶은 음식이 떠오르면 그 순간 내 앞에 나타난다. 되고 싶은 직업이 있으면 벌써 되어 있고, 원하는 돈이 있으면 바로 금고에 채워진다. 남태평양의 휴양지를 생각하는 순간 벌써 그곳에 누워 있다. 듣고 싶은 음악은 바로 귀에 들리기 시작하며, 당신이 원하는 시원한 바람은 곧 귓가를 스칠 것이다.

우리가 꿈꾸는 지상낙원은 이런 모습일 것이다. 그곳이 천국일 것이다. 미처 생각하기도 전에 약간의 영감으로도 펼쳐지는 공간이 천국일 것이다. 당신이 원하는 공간과 비슷한가? 당신의 천국도 아마 비슷한 형태일 것이다. 우리의 꿈은 천국에서 모두 이뤄져 있을 것이다. 모든 부와 명예와 권력과 권위를 다 누리고 있을 것이다.

그렇다면 천국에서는 과연 행복할까? 꿈꾸면 현실이 되는 공간, 상상만 하면 펼쳐지는 공간에서 우리는 행복을 느낄 수 있을까? 나는 주변 사람들에게 이것을 물어보았다. 같은 질문을 던지고 그들이 원하는 천국의 삶을 상상해보도록 했다. 대개의 반응은 비슷했다.

"그런 쓸데없는 상상하지 말고 돈이나 벌어."

"천국을 상상하면 뭐해, 현실과 다른데."

"그런 상상하면 천국이 나에게 다가온대?"

대부분 이런 반응이다. 그들은 스스로의 천국을 제대로 상상하지 못한다. 상상의 경험이 전혀 없다. 천국의 느낌이 전무하다. 그런데도 그들은 천국을 꿈꾼다. 막연한 천국행을 위해 종교에 빠지기도 한다. '믿음이 당신을 천국으로 이끈다'는 문구에 빠져 그곳이 꿈의 공간이라 착각하고 있다.

나는 스스로 자문해 보았다. 나라면 행복할까? 전혀 그렇지 않다. 상상만 하면 모두 실현되는 공간은 '지옥'이다. 상상이 자동으로 이뤄지는 공간에서는 어떤 행복도 느낄 수 없다. 경험할 수 없기 때문이다. 인간은 경험을 통해 감정을 느낄 수 있다. 행복이란 감정도 경험을 통해 얻은 것이다. 즐겁고 행복한 사건에 연결된 감정이 행복감이다. 사건을 경험해야 감정을 경험할 수 있다. 하지만 행복한 사건만 나타나면 행복을 느낄 수 없다. 불행의 감정을 느껴야 행복을 깨닫기 때문이다. 우울, 불안, 분노, 슬픔의 부정적 감정을 느껴야 반대의 감정을 온전히 이해할 수 있는 것이다.

천국은 결핍의 상황이 없다. 충족의 상황만 존재한다. 부정적 감정을 느낄 수 없다. 부족함, 불쾌함, 불편함의 상황이 없다면, 그것과 연결된 감정은 존재하지 않는다. 불행이 없다면 행복도 존재하지 않는 것이다.

천국은 경험이 없는 세상이다. 상상과 현실 사이에 경험의 단계가 없다. 상상의 순간 이뤄지기 때문이다. 경험의 시간이 끼어들지 못한다. 경험을 통한 깨달음이 없다. 우리는 깨달음을 통해 성장한다. 그 과정에서 생각을 하고 감정을 느낀다. 행복과 불행을 느낀다. 행복은 행복한 상황만으로는 느끼지 못한다. 시련과 역경을 경험해야 한다. 반대의 감정이 행복을 인식하게 한다.

현실이 천국이다. 우리가 살고 있는 이곳, 지구별이 사실은 천국이다. 상상이 현실로 나타나는 것을 경험할 수 있기 때문이다. 상상과 현실 사이의 틈, 그 시간이 바로 경험이다. 행복을 인식할 수 있는 시련과 역경의 시간이다. 그 과정을 통해 우리는 행복이라는 감정을 얻게 된다. 불행하고 힘든 시간을 통해 축복된 깨달음을 얻는 것이다. 시련이 축복의 또 다른 이름인 이유다.

대부분의 사람들은 천국을 꿈꾼다. 현실을 벗어나고 싶어한다. 피하고 싶은 것이다. 시련과 역경이 주는 불편함을 피하고 싶어한다. 그 고통이 싫은 것이다. 시련은 우연히 일어나는 불행이라 생각하기 때문이다. 아프고, 상처받고, 화나고, 분노하기 싫은 것이다. 부정적 상황이 만드는 감정의 불편함이 천국을 바라보게 한다.

천국에 대한 환상은 그렇게 만들어진다. 천국의 실체에 대해 알지 못한 채, 막연히 꿈꾸게 된다. 그리고 실체를 알지 못하기에 사이비 종교에 빠져드는 것이다. 천국이라는 달콤한 속삭임에, 현실을 부정하고 종교만 바라보게 된다.

천국은 내가 만드는 공간이다. 상상을 통해 꿈을 실현하는 이 공간이 천국이다. 우리의 '현실을 만드는' 지구별이 천국이다. '현실이 만들어지는' 곳은 지옥이다. 상상만 하면 이뤄지는 곳이 그곳이다.

상상의 느낌으로 나만의 천국을 만들어야 한다. 상상의 바이브는 천국으로 가는 열쇠다. 미래의 문을 여는 열쇠다. 계단 앞의 문을 열어 또 다른 세상을 보여준다. 상상이 현실로 펼쳐진다. 그곳에 이미 모든 것이 존재하고 있다. 또 다른 지구별이 펼쳐져 있다.

천국의 계단은 그렇게 올라간다. 상상을 현실로 만들면서 하나씩 올라간다. 그 과정에서 깨달음을 얻고, 지혜롭게 성장하게 된다. 영적 진보와 진화를 통해 한 계단, 한 계단 올라가게 된다. 계단의 끝에서 우리는 천상의 문을 열게 된다. 지구별에 온 목적을 완수하게 되는 것이다. 모든 깨달음을 통한 마음의 평화, 사랑과 베풂의 영적 충만감을 그 끝에서 느끼게 된다.

그때 우리는 진정한 천국의 문을 열고 들어갈 수 있다.

더 이상의 경험은 무의미하다. 상상과 영혼의 교신은 그렇게 끝을 맺는다.

4장

✦

당신이
길이다

인생극장은 인생에 없다

각종 예능 프로그램과 시상식에 MC로 활약하고 있는 연예인, 바로 이휘재 씨다. 그는 최근에 가족 예능에 출연하여 따뜻한 아빠의 모습을 보여주기도 했다.

내가 기억하는 이휘재 씨의 최고 전성기는 '일밤'의 '인생극장' 시절이다. "그래, 결심했어!"로 대표되는 짤막한 개그 드라마가 당시 큰 인기를 끌었다. 그는 특정 상황에서 한 가지 선택을 한다. 그 선택이 만든 미래가 펼쳐진다. 그리고 다시 과거로 돌아와 다른 선택을 했을 때의 모습을 보여준다. 또 다른 현실이 만들어진다. 전혀 다른 결말에 시청자들은 재미와 흥미를 느낀다. 그의 감칠맛 나는 연기는 또 다른 관심거리였다. 당시 연기를 하는 코미디언은 많지 않았다. 곱상한 외모에 연기력까지 갖춘 그는 당대 최

고의 인기 스타로 발돋움했다. 인생극장은 '일밤'을 최고의
예능으로 만들었다.

인생극장이 인기를 끈 데는 이유가 있었다. '또 다른 삶'
에 대한 사람들의 갈증을 해소해주었기 때문이다. 가보지
못한 길에 대한 아쉬움을 타인의 인생을 통해 들여다볼 수
있었다. 인생은 선택의 연속이다. 우리는 매 순간 선택의
기로에 놓여 있다. 일상의 점심 메뉴부터, 일생의 큰 기회
까지 선택은 우리를 떠나지 않는다. 선택은 인간이 지닌 숙
명인지도 모른다. 마지막 순간까지 우리는 선택을 하며 죽
음을 맞이한다.

선택은 당위의 문제가 아니다. 꼭 해야 할 일은 선택의
문제가 아니다. 그냥 하면 된다. 회사의 업무 보고 대신 친
구와의 술자리를 선택하진 않는다. 당연히 해야 할 일이 있
다면 그것을 취한다. 선택은 취향의 문제도 아니다. 자신이
좋아하는 것이 있다면 그것을 선택하면 된다. 삼겹살을 좋
아하는 내가 회를 선택하지 않는다. 그냥 내 입맛에 맞춰
반응하면 된다. 머리로 고민하는 것이 아니라, 몸이 끄는
곳으로 가면 된다.

선택은 고민의 문제다. 망설임의 문제다. 망설임은 꼭 해

야 할 일도 아닌, 딱히 좋아하지도 않는 상황에서의 시간이다. 고민의 본질은 아쉬움과 두려움이다. 하나의 선택을 했을 때, 다른 선택이 주는 아쉬움과 지금 선택이 옳은지에 대한 두려움이다. 아쉬움과 두려움이 교차하며 망설임을 만든다. 인간은 하나의 선택만 할 수 있기 때문이다.

사람은 자신이 선택한 것만 경험할 수 있다. 선택한 미래가 펼쳐진다. 하지만 대부분의 사람들은 자신이 선택한 현실을 쳐다보지 않는다. 대신 선택하지 않았던 길을 아쉬워한다. 그리고 지금의 선택이 좋은 선택인지 끊임없이 자문한다.

좋은 것과 나쁜 것의 구분은 기준이 있어야 한다. 기준이 결과를 나눌 수 있다. 하지만 인간은 선택의 기준을 가질 수 없다. 인간은 하나만 경험할 수 있기 때문이다. 자신이 선택한 현실과 선택하지 않았던 길의 환상은 비교 대상이 아니다. 현실은 보여지고, 환상은 왜곡되기 때문이다. 아쉬움과 두려움이 미래를 왜곡하는 것이다. 포장하고 과장한다. 그리고 비교한다. 그래서 간극이 점점 벌어진다.

선택의 고민은 여기에서 시작된다. 망설임의 본질은 등가이다. 어떤 것을 선택해도 크게 좋지 않으며, 다른 선택도 그다지 나쁘지 않다. 당위나 취향의 문제가 아니기 때문이다. 그래서 더 망설이는 것이다. 쓸데없는 시간을 보내고 있는 것이다. 스스로를 고통에 빠뜨리고 있는 것이다.

인생에 기준은 없다. 나의 선택은 선택한 세상만 보여준다. 기준은 비교하기 위해 필요하다. 하지만 내 인생을 비교할 기준은 없기에 인생에 성공과 실패는 없는 것이다. 경험만이 존재할 뿐이다. 선택이 만든 경험만이 존재한다. 그 경험을 좋게 만드는 것은 '기준'이 아니다. 바로 '나'다. 내가 나의 선택을 좋게 만든다.

당신이 망설임의 늪에 빠져 있다면 해결책은 하나다. 그냥 거기서 나오면 된다. 그리고 선택하고 행동하면 된다. 나는 선택의 순간 스스로 주문을 외운다.

"그래, 결심했어. 너무 좋은 선택이야."

그리고 행동에 옮긴다. 인생은 시간으로 이루어져 있다. 가장 소중한 시간을 망설임으로 낭비하지 않는다. 선택하고 그것을 좋은 것으로 인정하면 된다. 선택이 만드는 미래의 모습을 상상하고 그 느낌을 간직한다. 그러면 현실은 변한다. 좋은 선택만이 존재하는 공간으로 변하게 된다.

어떤 삶을 살지는 본인의 선택이다. 상상하는 삶, 상상을 느끼는 삶도 본인의 선택이다. 당신의 선택이 미래를 바꾼다. 지금 이 순간도 당신은 선택의 기로에 서 있다. 지금의 삶을 유지할 것인가? 아니면 바이브의 삶을 살아갈 것인가?

망설이고 있다. 감각과 이성이 주는 저항에 막혀 지금 이 순간도 고민하고 있다. 다수의 대중이 부와 성공을 얻지 못하는 이유다. 용기가 필요하다. 지금까지 살아온 과거와 결별할 수 있는 용기가 필요하다. 현실을 다르게 볼 수 있는 용기가 필요하다. 거기서 새로운 인생이 펼쳐진다.

바이브의 삶을 선택한 순간, 선택은 취향이 된다. 바이브는 꿈이 펼쳐지는 현실을 보여준다. 상상의 현실화는 선택의 강력한 모티브가 된다. 상상은 즐거움이 되어 고민의 시간을 덜어준다. 어떤 상황에서도 상상의 삶을 선택하게 된다. 다양한 인생의 바이브를 가지게 된다. 그 바이브만큼 경험하고, 지혜를 얻고 더욱 성장하게 된다.

바이브의 삶 속에서 선택은 당위가 된다. 자신의 인생을 위해, 자신의 미래를 위해 꿈을 선택하게 된다. 선택은 자신의 경험을 위해 꼭 해야 한다는 의무감이 생긴다. 삶의 목적에 점점 다가가게 된다.

인생에 정답은 없다. 맞고 틀리고의 문제가 아니다. 인생은 맞는 것이 아니라 믿는 것이다. 자신의 믿음이 현실에 나타난다. 그 믿음을 좋은 것으로 만들면 된다. 나쁜 선택이라 믿으면 그렇게 끝날 뿐이다. 자신에게 달려 있다. 대부분은 후자를 선택한다. 무지하기 때문이다. 대부분의 사람들은 세상이 돌아가는 원리에 대해 알지 못한다. 소수만이 그 원리를 이해하고 자신의 미래를 바꾸고 있다. 무지는 죄다. 자신의 인생에 죄를 짓는 것이다. 제발 당신이 그 무지에서 벗어나길 바란다.

'선택 장애'는 자신이 만든 불치병이다. 선택에 장애는 없다. 선택은 하면 된다. 선택하고, 주문을 외우고, 행동하면 된다. 그리고 현실을 바라보면 된다. 선택하지 않은 길은 등지고 시선을 거두라. 스스로가 만든 환상을 거두어라. 자신에 얽매이지 않길 바란다. 인생에 기준은 없다. 두 개의 인생은 없으며 하나의 인생을 만들 뿐이다. 인생극장은 인생에 없다.

나에게 상처받지 말라

'숨 쉬고 있다'는 것을 느껴본 적 있는가? 자신의 호흡을 의식한 적 있는가? 평상시에는 이것을 잘 느끼지 못한다. 뭔가 가슴이 답답한 증상이 있거나, 불편함이 생길 때 의식하게 된다. 긴장하거나 스트레스 상황에서도 자신의 호흡을 느끼게 된다. 그럴 때 깊게 숨을 들이마셨다가 내쉬어본다. 코를 통해 폐 깊숙이 공기를 집어넣는다. 오히려 배 안쪽이 꽉 찬 느낌이다. 그러면 이상하게 몸이 이완되면서 긴장이 해소된다. 마음이 차분해지고, 호흡도 안정된다. 심박동이 줄면서 조급함도 줄어든다.

우리는 평소 '생각하며' 숨 쉬지 않는다. 호흡에 대한 관념이 있기 때문이다. 행동은 생각에서 비롯된다. 하지만 우리는 '숨을 쉬어야 한다'는 생각을 하지 않는다. 생각 없이 행동한다. 관념 때문이다.

관념이란 '자동으로 떠오르는 생각'이다. 관념은 잠재의식에 각인되어, 영감의 형태로 현재의식에 흘러나온다. 자동으로 떠올라 행동하게 한다. 우리가 의식하지 않고 숨을 쉬는 이유다. 그러다 특정 상황에서 호흡을 의식한다. 내가 호흡하고 있다는 것을 인식한다. 당연한 것을 다르게 느낀다. 호흡의 관념을 바라보게 된다. 그리고 다르게 작동시켜 본다. 평상시보다 호흡을 크게 해보기도 하고, 호흡이 내려가는 길도 느껴본다. 가슴을 지나 횡격막을 거쳐 배 아래까지 밀어 넣는다. 몇 번의 호흡으로, 몸의 긴장이 풀어지고, 스트레스가 줄어든다. 뻣뻣하던 목이 풀어지고, 가슴도 편안해진다. 복식 호흡의 효과를 알게 된다. 새로운 깨달음을 얻게 되는 것이다.

관념을 다르게 바라볼 때 새로운 깨달음이 생긴다. 관념이 만든 세상을 다르게 바라볼 때, 깨달음을 통한 의식 확장이 일어난다. 새로운 세상이 펼쳐진다. 관념은 잘 바뀌지 않는다. 관념은 잠재의식에 각인되었기 때문이다. 그리고 관념을 만든 것은 자신의 신념이고 믿음이다. 믿음을 바꾸는 것은 이미 만들어진 틀을 깨는 것이다.

전혀 다른 경험을 통해 단단한 믿음을 깨야 한다. 그 시작은 다르게 보는 것이다. 눈앞에 보이는 당연한 것을 당연하지 않게 봐야 한다. 현실을 다르게 보는 능력, 바로 상상이다. 우리가 꿈을 이루고, 소망을 실현하는 데 있어 상상은 출발점이다. 상상에 믿음이 더해질 때 관념이 되고 세상에 펼쳐진다.

다만 우리는 상상에 믿음이 더해지는 과정에서 어려움을 겪는다. 기존의 믿음이 저항하기 때문이다. 미래의 상상과 과거의 믿음 사이에 갈등이 생긴다. 과거의 믿음은 이 모순을 반기지 않는다. 과거의 믿음은 이성의 힘을 통해 상상을 밀어내게 된다. '그게 무슨 말이야? 이성적으로 말이 안 돼. 생각해봐. 너도 그게 아니라는 걸 알잖아'와 같은 속삭임을 통해 상상을 방해한다. 상상을 믿지 못하게 한다. 상상에 믿음을 빼서, 새로운 관념을 막는다.

이 목소리가 바로 드림킬러다. 우리의 꿈을 방해하는 첫 번째 목소리다. 그 목소리는 나의 내면에서 나온다. 눈앞에 보이는 현실과 이성적 판단이 우리의 상상을 흔든다. 상상이 믿음으로 발전하지 못하는 이유다. 감각과 이성이 우리를 붙잡는다. 변하지 말라고, 고정관념에 머물러 있으라고 끊임없이 속삭인다. 그리고 우리를 불편하게 만든다. 과거의 아픔을 상기시키고 그때의 감정을 떠올리게 한다. 변화에 실패했던 기억과 시련과 역경의 성장통을 느끼게 한다. 머무르게 하고, 포기하게 한다. 현재에 만족하고 '소확행'하게 한다. 안정이 주는 달콤함을 맛보게 한다. 감각과 이성은 우리 인생의 주인이 되어 세상을 고정시킨다. 현실에 안주하게 하고, 꿈을 위한 도전을 멈추게 한다. 최악의 드림킬러다.

또 다른 목소리는 가족이다. 가까운 친구나 지인, 주변 사람이다. 사랑하는 가족과 지인이 드림킬러로 나타난다. 그들의 입을 통해 또다시 꿈이 좌절된다.

"네가 책을 쓴다고? 왜 그런 걸 해? 시간 낭비하지 말고 나랑 술이나 마시자."

내가 책을 쓴다고 했을 때 주변에서 가장 많이 들었던 말이다.

"공대 그냥 계속 다니지 왜 그러냐? 재수해서 의대 간다는 보장도 없고, 3개월 뒤 수능이잖아. 너무 늦었어."

내가 재수를 결심했을 때 엄마가 했던 말이다.

"장래희망이 백만장자가 뭐니, 이건 장래희망이 아니란

다. 현실성이 없어. 숙제 다시 해와."

초등학교 때 담임선생님이 했던 이야기다. 드림킬러들의 말이다. 나를 생각해주며, 염려해 주는 마음은 이해한다. 하지만 그들의 말을 듣고 나의 꿈을 포기할 필요는 없다. '그들'은 '나'이기 때문이다. 그들의 이야기는 사실 내가 만든다. 나의 잠재의식이 그들에게 영감을 주기 때문이다. 그들의 입을 통해 나의 관념이 나에게 전달된다. 내가 나와 대화하는 것이다. 그 대화를 통해 나를 머무르게 하려 한다. 관념은 변화를 싫어하기 때문이다.

거꾸로 생각하면, 한번 생긴 관념은 나에게 지속적인 영향을 준다. 내가 만든 부의 관념은 나를 부자로 유지시켜준다. 나의 세상을 부자의 세상으로 만들고, 나의 생각과 행동은 부의 흐름을 잃지 않는다. 부자의 바이브, 부자의 분위기가 나를 감싸고 있다. 또다시 부의 환경이 만들어진다. 한 번 만들어진 관념은 부의 구심점이 되어 세상의 부를 끌어당기게 된다.

남에게 상처받지 말라. 그들의 이야기는 내 이야기다. 나의 관념이다. 나의 생각이 나에게 전달되고 있다. 그들은 나를 상처 주지 않는다. 내가 나를 아프게 하는 것이다. 우리는 스스로를 가장 잘 알고 있다. 상처받는 부위를 가장 잘 알고 있다. 그 부위를 스스로가 건드리고 있다. 남의 말을 가장한 채 스스로를 좌절시키고 포기하게 만들고 있다.

현실을 바꾸는 데 있어 가장 큰 장애물인 드림킬러는 바로 자기 자신이다. 자신의 고정관념이 스스로를 망치고 현실에 가두려 한다. 우리는 삶을 바꾸고 싶어한다. 변화를 원하고, 성장을 꿈꾼다. 단단한 현실을 깨고, 빛나는 미래를 맞이하길 바란다. 하지만 쉽지 않다. 자신의 관념이 벽을 만들어, 스스로를 틀 안에 가두기 때문이다. 관념이 고정되면 벽은 더욱 굳어진다.

자신의 잠재의식을 관찰해야 한다. 내면의 소리와 주변의 목소리에 귀 기울여야 한다. 그 속에 숨어 있는 자신의 고정관념을 발견해야 한다. 그리고 그 관념이 만든 현실을 상상의 눈으로 벗어나야 한다. 상상의 힘으로 다르게 봐야 한다. 현실의 프레임을 등지고, 새로운 상상의 틀을 만들어야 한다. 그러면 서서히 고정관념이 변하게 된다. 관념의 색깔이 바뀌게 된다.

자신에게 상처 주지 말라. 드림킬러는 나 자신이다. 내가 나를 힘들게 하고, 꿈을 향한 길목을 막고 있다. 스스로 발목을 잡고 있다. 꿈을 이룰 수 없다고 말하는 것은 나다. 스스로 그렇게 믿기 때문이다. 그 믿음이 사랑하는 사람을 통해 나에게 전달된다. 가까울수록 더 아프게 느껴진다. 아픈만큼 두렵고, 불안해진다. 불안은 의심을 만들고, 의심은 또다시 좌절로 이어진다.

드림킬러를 등지라. 현실의 나를 벗어나라. 나의 고정관념이 나의 드림킬러를 만든다. 관념을 등지고, 상상의 나를 맞이하라. 그리고 미래의 나를 바라보라. 지금까지 상처는 내가 주고 있었다. 드림킬러는 나였다. 나와 결별하라.

낮에도 꿈꿔야 한다

당신은 어젯밤 무슨 꿈을 꾸었는가? 지금 기억할 수 있는가? 우리는 어젯밤 꿈을 기억하지 못한다. 특정 장면, 특정 모습은 떠올릴 수 있지만, 구체적인 내용은 기억하지 못한다. 아련한 상황들이 조금씩 생각나지만, 연결되지 않는다. 시간이 지나면 점점 잊혀진다. 남은 기억도 조금씩 변질된다.

아침에 눈을 뜨면 꿈은 사라진다. 조금 전까지 왕이고, 공주였던 나는 다시 현실의 취준생이 된다. 전쟁터에서 총에 맞고 쓰러지던 나는 다시 전쟁터로 출근하는 직장인이 된다. 꿈에서 모든 것을 만들고, 모든 것을 변화시켰던 나는 그 능력을 잃고 현실로 돌아온다. 현실에서는 그저 그런 존재로 하루하루 살아간다. 꿈속의 나를 꿈꾸지만, 꿈처럼 현실은 바뀌지 않는다. 바이브의 비밀을 모르기 때문이다.

꿈에서의 능력, 모든 것을 창조하고 변화시키는 능력의 실체는 무엇일까? 바로 잠재의식이다. 현재의식이 잠든 사이, 우리의 위대한 잠재의식이 모든 것을 만들고 우리에게 보여준다. 공주인 모습을 보여주고, 연예인과 데이트를 하며, 최고의 부자가 되어 있다. 꿈꾸는 시간에 우리는 그것들을 보고, 듣고, 느낀다. 그리고 영감을 얻는다. 영감은 내면 깊숙이 각인되어, 나의 미래를 준비한다. 영감은 상상의 씨앗이 된다. 영감이 특정 생각을 일으킨다.

현실을 다르게 생각하는 상상은 꿈에서 만들어진다. 잠재의식은 꿈을 매개로 나의 상상을 만든다. 그리고 상상이 미래를 창조한다. 현실을 바꾸고, 삶을 변화시킨다. 밤에 꾸는 꿈은 나에게 영감으로 기록된다.

하지만 영감이 상상으로 이어지기 위해서는 낮에도 꿈꿔야 한다. 나의 소망과 목표를 상상해야 한다. 상상으로 꿈꾸는 미래를 만들어야 한다. 낮의 꿈은 현재의식을 낮춰야 가능하다. 잠과 비슷한 상태에서 상상하고, 상상의 바이브를 느껴야 한다.

꿈에 취해 있을 때, 누군가가 나를 깨우면 깜짝 놀란다.

가끔은 화가 나기도 한다. 어릴 적 내가 좋아했던 여학생과 햄버거를 먹고 있었다. 그녀는 학교에서 가장 인기가 많았다. 공부도 잘했고, 얼굴도 예뻤으며, 키도 컸다. 집도 부자라서 항상 공주 옷만 입고 다녔다. 나는 공부도 못했고, 외모도 평범했다. 집은 찢어지게 가난했고, 옷은 형들 옷을 물려받았다. 그랬던 내가 그녀와 데이트를 하고 있었다. 롯데리아에서 데리버거를 먹고 있었다.

"일어나, 학교 가야지."

엄마가 나를 깨웠다. 꿈이었다. 눈앞에 있던 그녀가 사라졌다. 등짝을 때리는 엄마가 나타났다. 손에는 데리버거 대신, 이불을 움켜쥐고 있었다. 너무나 분하고 억울했다.

"왜 지금 깨웠어! 얼마나 중요한 시간이었는데!"

나는 성질을 냈다. 아침부터 엄마랑 싸웠다. 아침밥도 못 먹고 집에서 쫓겨났다. 그게 그녀와의 마지막 데이트였다. 그녀는 전학을 갔다.

꿈에서 깨면 착각을 한다. '여기가 어디지? 내가 왜 여기에 있지?' 하고 생각한다. 꿈과 현실이 헷갈린다. 잠재의식의 여운이 남아 있기 때문이다. 잠재의식이 보여준 초월적 공간의 느낌이 온몸을 감싸고 있다. 햄버거집의 냄새가 코

끝에 남아 있다. 그 느낌이 바이브다. 꿈의 느낌이 바이브다. 상상의 느낌이다.

낮에도 꿈꿔야 한다. 바이브를 느끼기 위해서는 현실을 착각해야 한다. 상상을 통해 '이미 내가 이룬 느낌'을 받아야 한다. 부자가 되기 위해서는 이미 부자가 된 느낌을, 하와이에 가고 싶다면 이미 하와이의 온도와 습도를 느껴야 한다. 유명한 사람이 되어 사람들 앞에 나서기를 바란다면 강당 앞에서 발표하는 자신의 심박수를 느껴야 한다. 그 느낌이 나를 창조자로 만든다. 현실을 바꾸고 미래를 열게 된다.

낮에 꾸는 꿈은 상상이다. 통제된 상상이 착각을 만들고, 착각이 바이브를 만든다. 바이브는 현실을 바꾼다. 나의 의식을 바꾸고, 나의 세상을 변화시킨다. 상대성 이론을 발표한 아인슈타인은 "나는 한 번도 이성적 사고를 하면서 창의적 발견을 한 적이 없다"고 말했다. 즉, 창조는 이성을 통해서 하는 것이 아니라는 뜻이다. 그는 상상을 통해 창의적 발견을 했다.

진화론의 아버지 찰스 다윈도 비슷한 이야기를 했다. 그는 진화론을 맬서스의 《인구론》을 읽다가 '불현듯' 떠올렸다고 말했다. 인구론을 읽다가 진화론을 발견했다는 것은 무슨 의미일까? 깜빡 졸은 것이다. '불현듯' 한 발견은 잠재의식 때문이다. 졸음이 잠재의식을 발동시켜 인류의 진화를 떠올리게 한 것이다.

발명가 에디슨도 마찬가지다. 그는 잠재의식의 힘을 알고 있었다. 그래서 상상력과 잠재의식을 새로운 발상에 활용했다. 에디슨은 발명의 아이디어가 떠오르지 않으면 자신의 방으로 들어갔다. 그는 불을 끄고 아주 편안한 소파에 앉았다. 그 의자에 앉아 쇠구슬을 손에 들고 잠시 잠을 잤다. 자신이 원하는 아이디어를 머리에 지닌 채 잠을 청했다. 그러다 잠이 들면 손에 힘이 빠진다. 구슬이 떨어져 '쨍' 하는 소리가 난다. 그는 그 소리에 놀라 잠에서 깼다. 그러면 이미 자신의 문제가 해결되어 있었다. 그의 머릿속은 빛나는 아이디어로 채워져 있었다. 그 빛나는 아이디어가 우리에게 빛을 선사해주었다.

세상을 바꾸고, 나를 바꾸는 시간은 꿈꾸는 시간이다. 밤에 꾸는 꿈은 영감이 되어 나의 미래를 바꾼다. 낮에 꾸는 상상은 바이브가 되어 나의 세상을 창조한다. 훌륭한 업적을 이룬 사람들은 꿈속에서 도약한 사람들이다. 상상이 졸음을 통해 현실에 드러나는 것이다.

꿈을 활용해야 한다. 낮잠을 이용해야 한다. 멍하게 조는 것은 의미가 없다. 졸음이 올 때 잠을 활용해야 한다. 그 시간이 이성과 감각의 장애물을 없앨 수 있는 가장 좋은 시간이다. 졸음이 몰려올 때 상상력을 발휘하자. 꿈을 이룬 상태를 떠올리며 꿈속으로 들어가자. 현재의식이 잠재의식으로 바뀔 때 나의 상상을 밀어 넣어야 한다. 통제된 상상이란 이렇게 이뤄진다.

현재의식과 잠재의식, 상상과 바이브가 졸음 속에 섞여 있을 때, 상상은 관념이 된다. 이성과 감각의 속박에서 벗어날 때 당신은 자유로워진다. 위대한 잠재의식과 함께하기 때문이다.

통제된 상상을 통해 잠재의식을 활용하자. 상상으로 꿈의 방향을 정하고 잠재의식으로 힘을 더하자. 어느 순간 나의 소망이 파도처럼 밀려올 것이다. 꿈은 이렇게 이루는 것이다. 졸음 속 상상이 기적을 만든다.

"사촌이 땅을 사면 배가 아프다"는 속담이 있다. 이 말에 동의하는가? 당신은 당신의 가족이나 친구, 지인의 성공을 시기하고 질투하고 있는가? 당신의 삶 속에 타인의 성공은 어떤 의미인가? 친구의 성공을 진정으로 축하해주고, 인정해줄 수 있는가?

비슷한 속담은 외국에서도 발견된다. 일본에는 "옆집 잔디는 파랗게 보인다"는 속담이 있다. 얼마나 배가 아팠으면 잔디가 파랗게 보였을까? 미국에는 "부러워서 얼굴빛이 초록빛이 돼버리다"(Turning green with envy)라는 말도 있다. 미국 소설가 고어 비달은 "친구가 성공할 때마다 내 안에서 무언가 조금씩 죽는다"는 유명한 고백을 남기기도 했다. 누구나 가지고 있는 본성이 시기와 질투다.

성경에서 가인은 하느님이 자신의 제물은 받아들이지 않고, 동생 아벨의 제물만 받아들이는 것에 분노해 동생을 살해한다. 시기와 질투 때문이다. 남을 부러워하는 감정이 증오나 적의로 넘어간 것이다. '가인 증후군'이라는 말은 여기서 나왔다.

질투는 열등감에서 비롯된다. 자신이 가지지 못한, 자신이 되지 못한 것들을 남들이 성취했을 때 나타난다. 그 기저에는 결핍이 존재한다. 물질적, 정신적 결핍이 남의 충족을 시기하게 한다. 시기는 시기에서 멈추지 않는다. 또 다른 부정적 감정을 끌어당긴다. 그리고 증폭시킨다. 증오나 적의로 확대되거나, 좌절하거나 자학하기도 한다. 남의 성공을 나의 처지와 비교해 불안해하거나, 우울해하기도 한다. 그리고 그를 싫어하게 된다. 성공에 대한 부러움이 증오의 출발점이 된다. 성공과 증오가 연결된다. 성공에 대한 부정적 바이브가 생긴다.

예를 들어, 당신과 같이 공부하는 취준생 친구가 있다. 비슷한 시기에 대학을 졸업하고, 나이대도 비슷하다. 스터디에서 만나 같은 직장을 향해 서로 도와가며 공부한다. 토익을 공부하고, 면접을 준비한다. 스펙 쌓기에도 열중한다. 당신과 그는 취업 정보를 공유하고 서로를 격려한다. 그러다 한 명은 합격하고, 한 명은 실패한다. 어떤 일이 발생할까?

둘은 이제 친구가 아니다. 합격한 사람은 대기업에 입사해 떳떳한 사회인이 되었다. 낙방한 사람은 여전히 취준생이다. 사회적 지위가 바뀌는 순간, 친구에서 지인으로 바뀐다. 서로의 마음가짐이 달라지기 때문이다. 특히 입사에 실패한 사람의 마인드가 바뀐다. 자신을 실패자로 생각한다. 스스로를 낮추게 되고 자존감도 낮아진다. 의식이 작아지고 세상을 바라보는 시야도 좁아진다. 의욕이 떨어지고, 모든 일이 손에 잡히지 않는다. 부정적 사고와 부정적 감정에 휩싸인다. 실패한 자신이 한심하고, 합격한 친구가 미워진다. 그를 진정으로 인정하고 축하해줄 자신이 없다. 축하해주는 만큼 그와의 거리가 멀어질 것 같은 불안감 때문이다. 더 낮아질 것 같은 자신의 존재감 때문이다.

시기와 질투는 열등감에서 출발하지만, 자존감이 낮아지는 것을 보호하려는 일종의 방어기제인 셈이다. 그의 성공을 부정적 감정과 결합시킨다. 취업에 증오라는 감정을 붙이게 된다. 부정적 바이브가 형성된다. '대기업 입사'라는 가치중립적 사건에 부정적 바이브를 스스로 입힌다. 바이브는 잠재의식을 통해 또 다른 실패를 안겨준다. 나의 주인이 취직을 원하지 않는다고 착각하기 때문이다.

그를 진심으로 인정하고, 축하할 때 나에게는 성공의 바이브가 생긴다. 그의 모습을 나에게 입혀보고, 취업한 느낌을 느껴볼 수 있기 때문이다. "너무 축하해. 같이 공부한 내가 더 기쁘다. 종종 회사 생활도 알려주고 어떤 느낌인지 들려줘"라는 진심 어린 축하가 긍정의 바이브를 만든다. 진심 어린 축하는 '미래 선언'이다. 곧 다가올 나의 모습이다. 바이브가 만들어지기 때문이다.

취업한 친구를 진심으로 축하해주고 같이 저녁을 먹어보자. 축하 파티를 하면서 취직한 느낌을 공유하고, 친구의 입을 통해 나의 말을 입혀보자. 그의 웃음을 기억하고, 웃음 속에 느껴지는 행복감을 간직하자. 나도 모르게 미소 짓게 된다. 그 과정에서 결말의 느낌을 가지게 된다. 긍정의 바이브가 생긴다. 그러면 이루어진다.

다가올 미래는 축하의 말에서 시작한다. 진심으로 그를 축하하고, 부러움과 행복의 바이브를 간직하라. 바이브가 미래를 당긴다. 얼마 지나지 않아 당신도 축하받을 것이다. 축하는 당신의 미래를 끌어당기는 주문이기 때문이다. 축하는 예언이기 때문이다.

자격지심과 열등감은 시기와 질투로 연결된다. 하지만 남을 미워하고, 남의 성공을 질투하는 마음은 자신의 처지를 더욱 처량하게 만든다. 열등감이 증폭되고, 자격지심은 확대된다. 자신의 인생에 전혀 도움 되지 않는 감정이 생겨난다.

원치 않는 바이브는 계속 만들어진다. 원치 않는 미래가 이어지는 이유다. 자신의 삶과 성공한 사람의 삶을 일치시키라. 그들이 가지는 삶의 느낌을 가지도록 노력하라. 그 시작이 인정과 축하다. 인정하면 긍정의 감정이 생기고, 축하하면 성공의 바이브가 생긴다. 비교하면 비참해지지만 축하하면 성장하게 된다.

부러움은 욕망이 되고, 성공의 느낌은 바이브가 된다. 미래가 달라진다. 나도 곧 그가 된다. 축하의 말이 축복된 인생을 만든다.

가난한 사람일수록 남의 성공을 시기한다. 부자인 사람은 여유롭다. 그의 성공을 축하해주고, 더욱 성공할 수 있도록 조언도 아끼지 않는다. 그러면서 그의 바이브를 공유한다. 성공의 느낌이 자신을 더욱 부자로 만들어줄 것을 알기 때문이며 바이브의 비밀을 무의식적으로 인지했기 때문이다.

'정말 축하해', '진심으로 너무 좋다', '나는 네가 자랑스러워' 등의 말을 자주 사용하자. 축하의 말만큼 축복받는 삶을 살게 된다. 축하는 남을 위해서만 하는 게 아니다. 나를 위해서다. 곧 다가올 나의 미래를 미리 축하하는 것이다. 진정한 축하는 남을 향하지만 동시에 나를 향하고 있다.

나도 한마디 하겠다. 나도 당신의 미래를 축하한다. 원하는 것을 모두 이룬 당신을 축하한다. 진심이다. 그리고 축하의 느낌을 간직하며 지내길 바란다. 축복의 미래가 성큼 다가올 것이기 때문이다.

그 끝에서 당신의 이야기를 듣고 싶다. 함께 웃으며, 함께 이야기하며, 시간을 보내고 싶다. 서로를 축하해주고, 서로 축복받는 삶의 동반자가 되었으면 좋겠다. 그 끝에서 만나자. 당신이 보고 싶다.

1톤의 망설임보다 1그램의 상상이 필요하다

50년 전 육상계의 오래된 벽이 있었다. 1마일을 4분 이내에 주파하는 것이었다. 그 당시에는 "인간은 절대 4분 이내에 1마일을 주파할 수 없다"는 말을 진리처럼 믿고 있었다. 1마일은 1,609미터고, 이는 400미터의 운동장 트랙을 네 바퀴 도는 거리다. 한 번 돌 때마다 1분 내로 통과해야 하는 것이다.

한편, 로저 배니스터라는 육상 선수가 있었다. 그는 영국의 아마추어 육상 선수이자 옥스퍼드 대학교의 의대생이었다. 그는 유명한 육상 선수도 아니고, 전문적으로 육상을 교육받지도 않았다. 하지만 그는 '마의 4분대'에 의문을 가지게 된다. 그는 평소 "하고자 하면 못할 일은 없다"라는 말을 입버릇처럼 하고 다녔다.

그러던 그는 어느 날 선언한다.

"인간이 1마일을 4분 이내에 주파할 수 없다는 말에 동의할 수 없다. 내가 불가능을 가능으로 바꾸겠다. 반드시 4분 이내에 주파할 것이다."

그 후 그는 매일 훈련에 매진했다. 그는 육상과 관련된 근육과 심폐기능에 대해 공부하기 시작했다. 최고의 힘과 속도를 적절히 분배하는 방법도 연구했다. 세계적 선수들의 기록과 자신의 수치를 비교하며 자신의 잘못된 부분을 교정했다. 그리고 그는 상상했다. 매일매일 1마일을 4분 이내에 주파하는 모습을 그렸다. 사람들의 환호와 박수갈채를 온몸으로 느꼈다. 결승점을 통과한 직후의 인터뷰도 상상했다. 그 느낌을 간직했다.

"사람들은 불가능하다고 말했습니다. 그리고 포기했습니다. 하지만 저는 가능하다고 선언했습니다. 그리고 달렸습니다. 심장이 터져서 죽을지도 모른다는 의사들의 충고도 있었습니다. 하지만 저를 보세요. 저는 1마일을 4분 이내에 통과하고도 이렇게 건강하게 인터뷰하고 있습니다. 저의 선언은 이루어졌습니다"라고 마음속으로 되뇌며 그는 훈련했다.

그리고 착각하기 시작했다. 대회가 열리기도 전에, 그는 이미 4분대 기록을 깨뜨렸다는 착각에 빠졌다. 그 기록이 육상협회에 등록되고, 많은 선수들이 1마일을 3분대로 주파하기 시작했다는 생각에 빠졌다. 마의 4분대는 깨졌으며, 자신이 첫 시작이라는 착각이 일상에 스며들었다. 미래를 과거로 인식하기 시작했다.

1954년 5월 6일, 25세의 로저 배니스터는 1마일 출발선에 서게 된다. 운명의 경주 날이었다. 그는 심장이 터질지도 모른다는 우려를 불식하고 바람처럼 결승점을 통과한다. 그의 기록은 3분 59.4초였다. 그의 심장은 멀쩡했다. 오히려 그를 지켜보던 관중들의 심장이 터질 듯했다. 마의 4분대가 깨졌기 때문이다.

그리고 세상의 변화가 시작되었다. 선수들이 4분대를 돌파하기 시작한 것이다. 한 달 만에 10여 명의 선수가 통과했으며, 1년이 지났을 때는 37명의 선수가 4분의 벽을 깰 수 있었다. 바이브의 힘이다.

상상이 이루어진 느낌을 가지면 상상이 이루어진다. 생생하고 반복적인 상상은 바이브를 강력히 각인시킨다. 이미 4분대를 깨뜨린 느낌과 분위기가 배니스터를 감싸고 있었다. 바이브는 그에게 3분대 주파라는 기록을 선물했고, 세상에는 '마의 4분대'라는 장벽을 없애주었다.

빅토르 위고는 이렇게 말했다.

"미래에는 여러 가지 이름이 있습니다. 그것은 약자들에게는 도달할 수 없는 것, 겁 많은 자들에게는 미지의 것입니다. 그러나 용감한 자들에게는 기회입니다."

미래는 자신이 만드는 것이다. 미래는 기회이자 용기다. 새로운 세상을 창조하는 과정에는 현실을 다르게 보는 용기가 필요하다. 자신의 상상을 믿음으로 만드는 용기가 필요하며, 기회에 반응하는 의식의 전환이 필요하다. 그 모든 것이 바이브를 통해 일어난다.

상상을 통해 상상이 이루어진 느낌을 간직하면 당신의 미래는 다양한 이름을 가지게 된다. 그리고 사람들은 그 이름을 우러러보며, 부르게 된다. '앤서니 라빈스'처럼.

앤서니 라빈스는 변화심리학의 권위자다. 그는 세계 최고의 동기부여가이며, 천만 부 이상의 책을 판매한 베스트셀러 작가다. 그의 강연에는 수천 명의 사람들이 모여들고, 그의 강연 내용을 담은 오디오는 2억 개가 넘게 팔렸다. 그는 현재 수십억이 넘는 호화 주택에 살고 있으며, 꿈에 그리던 이상형과 결혼해 완벽한 결혼생활을 즐기고 있다. 우리는 그를 부자, 작가, 칼럼니스트, 강연가, 동기부여가 등 다양한 이름으로 부르고 있다. 그가 상상했던 미래의 이름이다. 그는 미래를 창조했고 우리는 그 이름을 부르고 있다.

앤서니 라빈스는 고졸 출신의 가난한 청년이었다. 그는 가난했고 뚱뚱했으며 외로웠다. 그는 빌딩 청소부로 일했고, 패스트푸드에 의존했으며, 매번 여자친구들에게 차였다. 그는 사랑을 포기한 채 사람을 멀리했고, 자취방에 틀어박혀 청춘을 보내게 된다. 그러던 그가 8년간의 의식성장을 통해 신체적, 정신적 변화를 경험한다. 그는 식생활을 바꾸고, 운동을 생활화했다. 또한 심리학, 동기부여, 자기계발과 관련된 수백 권의 책을 읽었다. 그 덕에 사고가 확장되고 시야가 넓어졌다. 세상을 다르게 보기 시작했다. 세상을 다르게 보는 능력, 상상의 힘이 그를 감싸고 있었다.

그는 이렇게 말했다.

"성공의 비결은 당신이 고통과 즐거움에 휘둘리는 것이 아니라, 그 고통과 즐거움을 활용하는 법을 배우는 것이다. 만일 그렇게 된다면 당신은 자신의 인생을 지배하게 되는 것이다. 만일 그렇지 않다면 당신은 인생의 노예가 될 것이다."

고통과 즐거움의 현실에 휘둘리는 것은 현실이라는 거울에 갇히는 것이다. 오히려 현실을 다르게 바라보고, 상상의 힘을 활용한다면 우리는 현실을 극복하고 미래를 창조할 수 있다. 현실의 노예가 아닌 미래의 창조자가 되는 것이다. 그렇게 된다면 우리는 우리의 인생을 지배하게 된다.

오늘부터 시작해보자. 주저하지 말고, 망설이지 말고, 지금 눈을 감아보자. 현실의 눈을 감고, 상상의 눈을 떠 자신의 미래를 그려보자. 그곳에 이름을 붙이고, 온전히 바라보고, 그 느낌에 취해보자. 그리고 눈을 떠보자. 이미 세상은 달라져 있을 것이다. 당신의 상상이, 당신의 바이브가 모든 것을 만들어줄 것이다.

지금 이 순간 당신의 이름은 달라지고 있다. 곧 현실로 드러날 것이다. 고민하지 말고 행동하라. 주저하지 말고 상상하라. 1톤의 망설임보다 1그램의 상상이 필요하다. 지금이 그 시작이다.

세상은 당신의 명령을 기다린다

당신은 지금까지 몇 개의 꿈을 이루었는가? 당신의 버킷리스트는 무엇인가? 이번 해에 이루고 싶은 소망이 있는가? 1월 1일에 생각했던 목표를 조금씩 이뤄가고 있는가? 꿈의 현실화에 다가가고 있는가?

나는 매년 버킷리스트를 작성한다. 내가 이루고 싶은 꿈과 소망을 종이에 적는다. 그리고 나의 입을 통해 다시 한 번 확인한다. 그리고 지갑에 간직한다. 그렇게 그것은 나의 일상과 함께한다.

2019년 나의 첫 번째 버킷리스트는 '책 쓰기'였다. 책을 통해 나의 이야기를 들려주고 싶었다. 내가 살아온 과정과 경험, 그 속에서 알게 된 지식과 지혜, 깨달음을 공유하고 싶었다. 무일푼에서 시작해 어느 정도 부를 갖추게 된 비밀을 알려주고 싶었다.

그리고 상상했다. 상상의 느낌을 간직했다. 작가의 바이브가 생기고 있었다. 이미 내 손에는 한 권의 책이 들려 있었다. 책이 주는 무게감을 느끼고 있었다. 거창한 '성공학'이라 포장하기는 싫고, '부자학'이라는 말도 부담스럽다. 진부한 '자기계발서'보다는 진실한 '자기성장서'를 쓰고 싶었다. 나의 이야기와 내가 알게 된 바이브의 비밀을 정리하고 싶었고 상상의 힘을 전하고 싶었다. 의식과 잠재의식, 상상과 바이브의 관계를 알려주고 싶었다. 그 꿈은 어느덧 한 권의 책이 되어, 세상에 나왔다.

바이브는 곧 현실이 된다. 나는 꿈을 이뤄가는 즐거움을 알고 있다. 꿈이 실현되는 과정에서 나타나는 인생의 변화가 너무 즐겁다. 그 즐거움에 취해 또다시 상상한다. 새로운 현실을 창조하고 있다. 상상의 느낌, 나의 바이브가 이 모든 것을 가능하게 만든다.

꿈의 현실화만큼 값진 가치는 바이브에 대한 믿음에 있다. 상상을 이룬 느낌을 유지하는 것만으로 세상이 바뀐다는 믿음은 내가 살아가는 데 큰 힘이 된다. 믿음은 현실의 열매를 맺는 최고의 조력자다. 상상의 씨앗이 믿음의 흙을 통해 싹을 틔우고 있는 것이다.

바이브의 좋은 햇살은 어느 순간 가지를 뻗게 하고, 꽃을 피우게 한다. 우리가 모르는 사이에 욕망의 꽃은 떨어지고, 현실의 열매가 맺어진다. 꿈이 이뤄진다. 꽃을 바라면 꽃은 열리지 않는다. 바이브의 햇살만 가지고 있으면 된다. 욕망에 집착하지 말고, 바이브의 기운만 몸에 지닌 채 앞으로 나아가라. 어느 순간 욕망은 사라지고, 눈앞에 현실로 나타날 것이다.

"내가 너희에게 말하노니, 무엇이든지 기도하고 구하는 것은 받은 줄로 믿어라. 그리하면 너희에게 그대로 되리라."

성경의 마가복음에 나오는 구절이다. 나는 이 구절을 참 좋아한다. 가슴에 간직하고 틈이 날 때마다 외우는 문구다. 방황하던 학창시절, 바이브의 신비를 알게 해준 문장이었다.

어린 시절, 성경은 종교서적이었다. 어릴 때는 성당을 다녔기에 무작정 읽었다. 성경 공부를 위해 여름방학 중 일주일을 주말학교에서 보내야 했다. 나는 그것이 너무나 싫었다. 아이들과 수영하고, 장난치며 놀고 싶었다. 하지만 엄마는 나를 그곳으로 보냈다. 성경 문구를 외우고 시험을 보고, 성적을 매겼다. 학교 공부와 다를 게 없었다. 나는 성경이 싫었다. 앞에서는 공부했고, 뒤에서는 베개로 활용했다. 너무나 폭신했다.

요즈음 성경을 다시 들여다본다. 성경은 성공학 서적이기 때문이다. 바이브의 비밀을 알고부터 성경은 다르게 다가온다. 성경에는 상상력과 잠재의식의 힘, 우주의 원리가 적혀 있다. 특정 인물과 특정 사건을 토대로 바이브의 원리와 우주의 법칙이 정리되어 있다. 그것을 읽으면서 많은 깨달음을 얻었다.

"무엇이든 기도하고 구하는 것은 받은 줄로 믿어라"는 바이브를 일컫는 말이다. '무엇이든 기도하고 구하는 것'은 생생하게 상상하는 것이고(VI), '받은 줄로 믿어라'는 받았다는 현실화에 대한 믿음을 가지는 것이다(BE). '그러면 너희에게 그대로 되리라'라고 말한다. 이미 받은 줄로 믿는 삶은 결말에서 시작하는 삶이다. 결말의 느낌, 바이브를 지닌 삶이다.

기도하는 것은 바이브를 가지는 것이다. 바이브를 통해 자신의 소망을 이루는 과정이 진정한 구원의 기도다. 구원은 바이브에서 시작하고, 거기서 끝맺는다. 세계적인 형이상학자 네빌 고다드는 《네빌 고다드의 부활》(서른세개의계단,

2009)에서 이렇게 말했다.

"주어진 현실에 굴복하거나 세상의 외적인 모습에 기초해서 삶을 받아들이지 마십시오. 현실보다 더 높은 곳에 존재하는 상상의 활동에 최고의 가치를 선언하고 세상 모든 것들을 상상력에 굴복시키십시오. 그렇게 여러분의 이상을 상상 속에서 꽉 잡으십시오. 여러분이 이상을 놓쳐버릴 때를 제외하면 그 무엇도, 그 누구도 여러분에게서 이상을 빼앗아가질 못할 것입니다. 오직 가치 있고 희망적인 결과를 상상하십시오."

현실은 나의 관념이 만든다. 그리고 관념은 나의 상상에서 비롯된다. 현실을 다르게 볼 수 있는 능력, 상상력이 나의 현실을 만든다. 세상의 외적 모습을 받아들이지 말라. 다르게 받아들이라. 상상을 믿고 상상에 대한 느낌을 유지한다면 꿈은 이루어진다. 그 어떤 것도 당신의 상상을 빼앗아가지 못한다. 바이브를 가지고, 바이브를 유지한다면 상상은 현실로 드러날 것이다.

대부분의 사람들이 자신의 미래를 현실에 맞춰 생각한다. 현실이라는 거울에 갇혀 있기 때문이다. 자신이 만든 현실의 거울에 자신을 가둔다. 거기서 자신을 바라보고 있다. 우물 속 개구리보다 더 작은 '거울 속 시야'를 가지고 세상을 바라본다. 우물을 벗어나야 제대로 된 하늘을 볼 수 있듯, 거울을 벗어나야 제대로 된 우주를 바라볼 수 있다.

세상을 바꿀 수 있는 유일한 사람은 당신이다. '거울 속' 당신이 아닌 '거울 밖' 당신이다. 그 시작이 상상이고, 그 끝은 바이브다. 우리는 바이브를 통해 스스로의 세상을 변화시킨다.

상상하고 상상의 느낌을 가질 때, 바이브는 세상을 바꾼다. 관념이 현실이 되고, 바이브는 감정이 된다. 감정을 통해 우리는 경험을 하고 깨달음을 얻는다. 영적 성장을 통해 또 다른 상상을 시작한다.

나의 의식은 확장되고, 나의 세상은 확대된다. 그곳에서 나는 더 높은 곳을 향해 나아간다. 나의 시선은 한 차원 높아지고, 나의 의식은 한 단계 진화한다. 영적 성장과 진보가 나를 천국으로 이끈다. 내가 가야 할 공간, 꿈꾸면 현실이 되는 곳으로 나를 끌어당긴다. 그 과정에서 느끼는 삶의 변화, 의식의 확장이 나를 행복하게 만든다. 바이브의 믿음이 나를 웃음 짓게 한다.

당신은 세상의 주인이다. 세상의 중심이고, 세상의 유일한 실체다. 그 외의 것은 의식이 만든 투영물에 불과하다. 저기는 없다. 여기만 있다. 여기서 세상에게 명령하라. 상상하고, 느끼고, 그 느낌을 유지하라. 바이브는 영혼의 언어가 되어 당신이 원하는 모든 것을 이뤄줄 것이다.

지금부터 시작이다. 세상은 당신의 명령을 기다리고 있다.

당신이 길이다

나는 바이버^{Viber}다. 바이브를 통해 내 삶을 변화시키고, 나의 세상을 창조하고 있다. 의식이 확장되고, 영적 성장을 지속하고 있다. 그 과정에서 더 많은 경험을 하게 되고, 그만큼의 깨달음을 얻고 있다. 깨달음은 또 다른 상상의 모티브가 되어 인생의 지평을 열어준다. 원하는 것을 이룰 수 있는 삶, 천국의 시간을 보내고 있다.

당신도 바이버가 될 수 있다. 바이브에 대한 믿음만 있다면, 그리고 실천한다면 오늘부터 당신의 삶은 달라진다. 바이브는 상상의 느낌이다. 더 정확히 말하면 상상이 이루어진 느낌이다. 당신의 꿈을 이뤄줄 가장 강력한 주문이다. 인생의 성공을 위한 결정적 요소다. 꿈과 소망을 이룬 느낌을 가지는 것, 바이브는 당신을 천국으로 이끌어줄 열쇠다.

성공한 사람과 그러지 못한 사람이 있다. 차이가 무엇일까? 모든 사람이 성공하길 바라지만, 소수의 사람만 성공의 열매를 맺는다. 왜 그럴까? 다수의 실패한 사람은 성공에 대한 구체적 이미지가 없기 때문이다. 무엇을 원하는지 정확한 개념이 없다. 무엇을 좋아하는지도 잘 모른다. 부와 성공에 대한 비전과 감정이 전무하다. 성공에 대한 이미지를 설정하고, 바이브를 통해 현실로 만들어야 한다.

그 시작이 상상이다. 상상은 자신을 보는 것으로부터 출발한다. 나의 현실과 나의 상황을 관찰하고, 나의 말과 행동을 들여다보라. 그리고 자신이 진정으로 원하는 삶을 사는지 자문해보라. 자신의 꿈과 소망을 믿고, 그것을 이뤄가는 시간을 보내고 있는지 살펴봐야 한다.

《상상의 힘》(서른세개의계단, 2013)에서 네빌 고다드는 이렇게 말했다.

"확신은 강렬하게 집중하고자 하는 내면의 노력입니다. 현실의 귀로는 들을 수 없는 것을 마치 들리는 것처럼 마음의 귀로 기울여 듣는 것은 마음속에서 무언가를 떠올리며 작동시킵니다. 마음의 귀를 기울여 들을 때 여러분은 자신이 원하는 바를 들을 수 있고, 육신의 귀가 들을 수 없는 것을 확신할 수 있습니다. 오직 상상 속에서 은밀하게 말을 하십시오. 내면의 대화(inner speech)와 바라는 소망을 일치시키십시오. 외부에서 듣기 바라는 것을 내부에서 들어야 합니다. 외부를 내부에서 받아들이십시오. 자신의 소망이 이루어졌음을 나타내는 소리만 들으십시오. 그러면 외부 세계에서 일어나는 모든 사건은 여러분의 소망을 객관적인 실체로 나타나게 해줄 다리가 되어줄 것입니다."

상상은 믿음을 통해 신념으로 변한다. 상상은 공상이 아니기에 착각할 수 있는 몰입이 필요하다. 그 몰입 속에서, 통제된 상상을 통해 우리는 현실의 소리가 아닌, 마음의 소리를 듣게 된다. 소망이 이루어진 상태에서 들려오는 세상의 소리를 듣는다. 미래의 상태와 대화하게 된다. 그 내면의 대화를 통해 상상의 느낌, 바이브를 느끼게 된다. 세상이 변하기 시작한다. 작은 우연으로, 마음의 충동으로, 행동의 영감으로 드러난다. 우리는 거기에 반응하면 된다. 그 반응이 상상의 현실화를 위한 징검다리인 것이다. 작은 다리가 모여, 커다란 통로가 된다. 상상과 현실이 이어지게 된다. 나의 꿈이 세상에 펼쳐지게 된다.

IQ 89, 수학 0점, 반에서 꼴찌, 지방 전문대 졸업, 아버지가 남긴 수천만 원의 빚, 실업자, 무스펙, 흙수저 출신의 한

남자가 있었다. 그는 학창시절 가난했고 공부도 못했다. 성질은 괴팍했고 성격은 급했으며 말까지 더듬었다. 급한 성격이 말에 그대로 묻어났다. 학교 졸업 후 공장에서 일했다. 그러다 손가락이 잘리는 사고를 당했다. 주유소 아르바이트로 일할 때는 혼유 사고로 쫓겨났다. 막노동을 하며 생계를 이어 갔다. 조그만 출판사에서 일하기도 했지만 한 달 월세도 제대로 내지 못했다. 돈이 되는 일이라면 어떤 일이라도 했지만 그의 사정은 나아지지 않았다.

하지만 그는 포기하지 않았다. 그는 자신이 곧 훌륭한 작가가 된다는 믿음이 있었다. 자신의 책으로 스스로의 삶과 세상을 바꿀 수 있다는 신념이 있었다. 꿈을 잃지 않고, 믿음을 포기하지 않았다. 매일매일 이어지는 비루한 현실을 빛나는 상상으로 극복했다. 그는 현재 200여 권의 책을 내고, 작가가 되는 과정까지 코칭해주고 있다. '한국 책쓰기 성공학 코칭협회' 김태광 대표 이야기다.

그도 바이버다. 그도 상상의 힘을 알고 있다. 상상을 통한 현실의 완성은 그의 삶 곳곳에 묻어 있다. 의식 확장과 영적 성장을 통한 삶의 변화를 그는 잘 알고 있다. 200여 권의 책을 관통하는 그의 철학은 바로 '결말에서 상상하라'이다. 상상의 느낌, 바이브는 소수의 성공한 사람들에게 퍼져 있는 부자의 느낌이다. 그 느낌이 부를 만든다.

백 번 듣는 사람보다 한 번 실천하는 당신이 되길 바란다. 지금 이 순간까지 나는 당신에게 바이브에 대해 이야기하고 있다. 알고 있는 것을 머리로 이해하려 하지 말라. 머리는 상상하라고 있는 것이다. 눈앞의 가난을 보지 말라. 눈은 현실을 다르게 보라고 있는 것이다. 주변 사람의 말을 듣지 말라. 귀는 마음의 소리를 들으라고 있는 것이다.

미래의 모습을 보고, 내면의 소리를 듣고, 상상이 이루어진 상태의 나와 대화를 나눠야 한다. 그 대화를 통해 우리는 상상의 느낌을 지닐 수 있다.

바이브를 믿고 실천하길 바란다. 당신도 성취의 즐거움을 느꼈으면 한다. 그 경험이 상상과 현실을 이어줄 것이다. 상상과 현실이 우연이 아니라는 것을 이해하게 될 것이다.

상상이 현실이 되는 행복을 당신도 느꼈으면 좋겠다. 안타까운 것은 소수의 사람만이 이것을 받아들이고 실천한다는 것이다. 대다수의 사람들은 머리로 이해한 것을 실천하지 못한다. 상상하지 못한다. "에이, 그게 되겠어?", "그거다 미신이야", "우연의 일치로 그렇게 된 거지"라고 말한다.

의심하고 불신하고 포기한다. 수없이 많은 자기계발서를 읽고, 성공학, 부자학에 대해 공부를 해도 현실이 달라지지 않는다. 의심과 망설임의 덫에 사로잡혔다. 한 발짝도 전진하지 못하는 것이다. 현실을 현실로 받아들이고 있다.

아는 자는 많지만 실천하는 자는 드물다. 성공은 소수의 몫이고, 평범은 다수의 것이다. 당신은 어느 쪽을 선택할 것인가? 선택은 당신에게 달렸다. 다만 현실에 매몰되어 끝없이 내려가는 다이버diver가 되지 않길 바란다. 현실을 초월하여 한없이 올라가는 바이버viber의 인생을 선택했으면 좋겠다. 상상하고 창조할 때, 천국이 눈앞에 펼쳐질 것이다.

오늘 이 순간까지 당신은 많은 길을 걸어왔다. 그 길을 건너오며 수없이 많은 장애물을 만났다. 돌부리에 넘어졌고 언덕을 넘어야 했다. 막다른 골목에 막혀 돌아가기도 했고, 갈림길에서 고민하기도 했다. 좁은 길을 건너며 넘어질까 두려웠고, 가는 길이 맞을까 불안해하기도 했다.

이제는 길의 함정에서 벗어나라. 현실의 함정에서 벗어나라. 그 길은 당신이 만든 것이 아니다. 누군가의 상상을 통해 세상에 펼쳐진 길이다. 상상을 통해, 상상의 바이브를 통해 당신의 길을 만들라. 세상을 창조하라. 상상과 현실은 그 길 속에서 연결될 것이다. 바이브는 당신을 천국으로 이끌어줄 것이다. 당신이 길이다.